# 미용 한국어

**책임 집필 위원**

**박진환(朴進桓)**
러시아 상트페테르부르크국립대학교 문학 박사
現 서경대학교 인성교양대학 교수, 러시아어전공 주임교수

**김미리(金美利)**
한국외국어대학교 대학원 한국학 박사 수료
現 서경대학교 미래융합대학 강사

**김혜정(金惠廷)**
서경대학교 일반대학원 국어국문학 석사
現 서경대학교 언어문화교육원 전임강사

**문소빈(文소빈)**
한국외국어대학교 대학원 외국어로서의 한국어교육전공 문학 석사
現 서경대학교 미래융합대학 강사

**이지훈(李智訓)**
계명대학교 일반대학원 외국어로서의 한국어교육학 석사
現 서경대학교 미래융합대학 강사

## 미용 한국어

**초판 인쇄** 2024년 8월 30일
**초판 발행** 2024년 9월 6일

**지은이** 박진환 · 김미리 · 김혜정 · 문소빈 · 이지훈
**펴낸이** 박찬익 | **책임편집** 권효진 | **편집** 이수빈
**펴낸곳** (주)박이정출판사 | **주소** 경기도 하남시 조정대로45 미사센텀비즈 8층 F827호
**전화** 031)792-1195 | **팩스** 02)928-4683 | **이메일** pijbook@naver.com
**홈페이지** www.pijbook.com | **등록** 2014년 8월 22일 제305-2014-000029호
**ISBN** 979-11-5848-962-5(13710) | **가격** 17,000원

# 미용 한국어

박진환·김미리·김혜정·문소빈·이지훈 지음

박이정

# 머리말

최근 미용 관련 뉴스를 보면 K-뷰티(K-BEAUTY) 산업이 중국, 베트남 등의 아시아를 넘어 미국, 유럽 등으로 진출하면서 2024년 현재 한국 화장품 수출국은 170여 개국이 넘는다고 합니다. 이에 따라 대학에서 미용 관련 학과로 진학을 희망하는 학생들 역시 매년 증가 추세에 있습니다. 이 추세를 살펴보면 한국 학생들뿐만 아니라 많은 외국인 유학생도 미래의 미용인을 꿈꾸며 한국 대학 진학을 희망하고 있다는 것을 알 수 있습니다. 드라마에 출연하는 배우, 무대 위에서 춤추고 노래하는 아이돌의 메이크업이 사람들의 관심을 끌면서 K-뷰티라는 말이 유행하고 있습니다. 많은 유학생이 이러한 미용 트렌드를 따라잡기 위해 한국으로 건너와 학업에 열중하고 있습니다.

『미용 한국어』는 미용 전공 유학생들을 대상으로 대학에서의 한국어 수업을 염두에 두고 개발하게 되었습니다. 미용을 전공하는 학생들이 전공 수업을 들으며 이 교재 학습을 병행한다면, 큰 도움이 될 것입니다. 전문 지식을 보다 더 쉽게 설명하고자 노력했을 뿐만 아니라 국가 자격증 취득을 위해 반드시 접해 볼 필요가 있는 기출문제 또한 제시했습니다. 미래의 미용인이 되고자 한국에 유학을 온 학생들이 한국의 미용 국가 자격증을 취득하는데 있어서 한국어가 걸림돌이 되지 않기를 바랍니다. 덧붙여서 이 교재에서는 향후 미용 전문가가 되어 미용 산업 현장에서 마주할 수 있는 상황에 당황하지 않도록 실제로 일어날 수 있는 상황과 같은 다양한 주제의 대화 연습을 담았습니다.

또한, 이 교재에서는 한국어 학습자들이 평소 한국어를 사용하면서 어려움을 겪는 부분을 효율적으로 개선할 수 있도록 돕기 위해 혼동하기 쉬운 문법을 묶어서 제시하고자 노력했습니다. 서로 비슷한 형태, 혹은 쓰임으로 인해 많은 학습자가 문법 활용에 있어서 오류를 범하고 있습니다. 그러나 이 책에서 정리하고 있는 내용을 열심히 학습한다면 문법 사이의 차이를 명확하게 인지할 수 있을 것입니다.

끝으로 많은 어려움에도 불구하고 끝까지 포기하지 않고 집필에 집중해 준 동료 집필진들과 격려를 아끼지 않은 사랑하는 가족들 그리고 박이정출판사 박찬익 대표이사님께 깊은 감사를 표합니다.

2024년 8월 한림관 연구실에서

**저자 일동**

# 목차

# 교재 구성

| 단원 | 과 | 학습목표 |
| --- | --- | --- |
| 미용의 시작 | 서양 미용사 | 서양 미용의 역사를 이해할 수 있다. |
| 1. 헤어 미용 | (1) 모발의 성장과 구조 | 모발에 대한 개념을 이해할 수 있다. |
| | (2) 두피와 모발 화장품 | 두피와 모발 화장품에 대한 개념을 이해할 수 있다. |
| 2. 피부 관리 | (1) 피부의 구조와 기능 | 피부의 구조와 기능을 이해할 수 있다. |
| | (2) 피부 분석과 화장품 | 피부를 분석하고 이에 맞는 화장품 성분을 이해할 수 있다. |
| 3. 메이크업의 이해 | (1) 메이크업의 정의와 기능 | 메이크업에 대한 개념을 이해할 수 있다. |
| | (2) 메이크업 도구와 제품의 종류 | 메이크업 도구와 제품의 종류에 대해 이해할 수 있다. |
| 4. 네일 아트의 이해 | (1) 손톱과 발톱의 특성과 역할 | 조갑(손톱, 발톱)의 특성과 기능을 이해할 수 있다. |
| | (2) 네일 아트 재료와 도구 | 네일 아트의 재료와 도구 용어를 파악하고 사용 시 주의할 점을 이해할 수 있다. |
| 5. 공중위생관리학 | (1) 공중보건학 총론, 지병 관리, 가족 및 노인 보건 | 공중보건학의 개념을 이해할 수 있다. |
| | (2) 환경위생과 식품위생 및 영양, 보건행정 | 건강하고 쾌적한 생활을 위해 필요한 위생 관리와 영양 섭취, 그리고 이를 관할하는 행정기관에 대해 이해할 수 있다. |
| 6. 해부생리학 | (1) 세포와 조직 | 세포와 조직의 구성과 특성을 이해할 수 있다. |
| | (2) 골격계 | 골격계에 대한 개념을 이해할 수 있다. |

| 학습 기능 | 학습 어휘 | 학습 문법 |
|---|---|---|
| 시대별 미용 재료 파악하기 | 시대별 미용 염료 | |
| 모발에 대한 개념 파악하기,<br>헤어숍에서 파마하기 | 모발의 구조, 모발의 기능 | -고, -(으)며 |
| 두피와 모발 화장품에 대한 개념 파악하기, 친구와 두피 관리 대화하기 | 두피와 모발 화장품의 종류 및 기능 | -기 위해, -(으)려고 |
| 피부 화장품 성분 설명하기 | 피부의 구조, 피부의 기능 | -도록, -게 |
| 피부 유형에 따른 화장품을 제안하기 | 피부 유형, 화장품 성분 | -는 대로, -자마자 |
| 메이크업에 대한 개념 파악하기,<br>메이크업숍에서 상담하기 | 메이크업의 정의,<br>메이크업의 기능 | (으)로, 에 |
| 메이크업 도구와 제품 파악하기,<br>메이크업 도구와 제품의 사용법 이해하기 | 메이크업 도구,<br>메이크업 제품의 종류 | -(으)/ㄴ/는 데에 비해,<br>-(으)/ㄴ/는 데에 반해 |
| 조갑의 구조와 특성 파악하기,<br>네일숍에서 관리 받기 | 조갑의 구조, 조갑의 기능 | 마저, 까지 |
| 네일 아트 재료와 도구의 종류 파악하기, 네일숍에서 상담하기 | 네일 아트 재료와 도구 | -았/었다가, -다가 |
| 공중보건학에 포함된 다양한 분야 분류하기, 각 보건학의 특성 파악하기 | 공중보건학 개론 용어 | -고 나다, -고 보다 |
| 환경 문제에 대해 설명하기 | 위생, 행정 기관 | -는 바람에, -느라고 |
| 세포와 조직 구성 요소 파악하기 | 세포와 조직의 구성 | -았었/었었-, -았/었- |
| 골격계에 대한 개념 파악하기, 전신 뼈대 파악하기 | 골격계의 구조, 뼈의 기능 | -(으)ㄹ 테니까,<br>-(으)ㄹ 텐데 |

# 일러두기

『미용 한국어』는 1에서 6의 대단원으로 구성되어 있다. 각 대단원은 주제에 따라 두 과가 포함되어 있으며 과마다 도입, 주제 어휘, 본문, 내용 이해하기, 문법 다지기, 표현하기, 표현 연습하기, 지식 넓히기로 이루어져 있다. 한 과는 3시간 수업용으로 구성되었으며 세부 내용은 다음과 같다.

## 도입

본격적인 학습에 들어가기 전, 주제와 관련된 질문을 함으로써 학습자들이 본인의 생각을 자유롭게 말할 수 있게 유도한다.

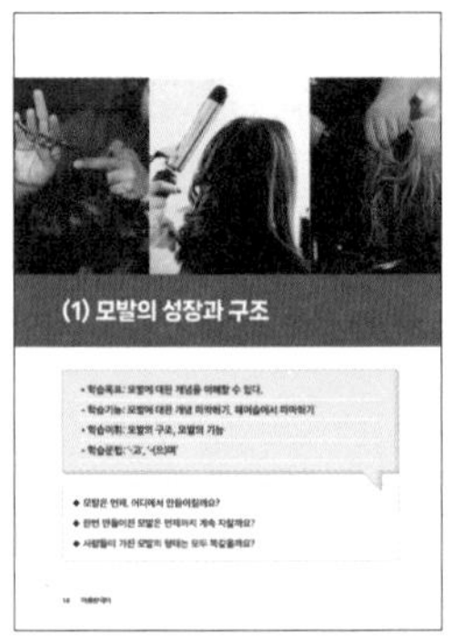


## 주제 어휘

해당 과 주제와 관련된 어휘를 학습한다. 특이 이 어휘들은 전공생들이 알아야 하는 미용 전문 용어로 구성되었다.

## 본문

해당 과 주제와 관련된 지식을 풀어서 설명한다. 학습자들은 시각 자료와 함께 전문 지식을 비교적 쉽게 습득할 수 있다.

## 내용 이해하기

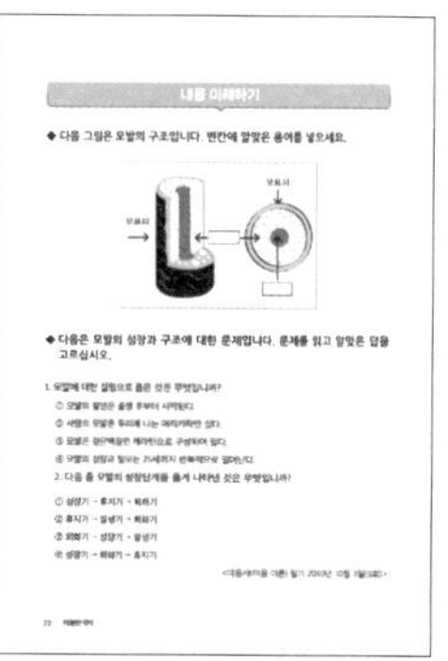

해당 과 주제와 관련된 지식을 풀어서 설명한다. 학습자들은 시각 자료와 함께 전문 지식을 습득할 수 있다.

## 문법 다지기

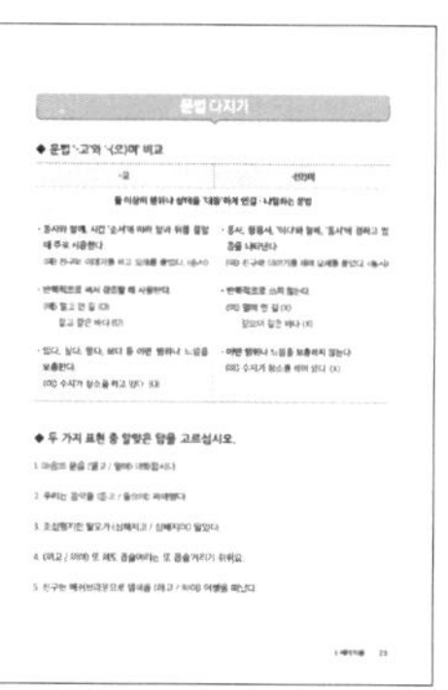

외국인 학습자들이 혼동하기 쉬운 유사 문법을 제시하여 비교하였다. 학습자들은 이를 학습하고 문법 사이의 차이를 명확하게 알 수 있다.

## 표현하기와 표현 연습하기

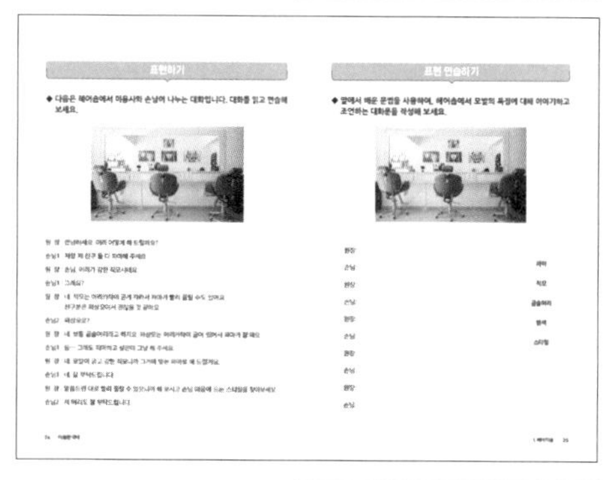

앞서 본문에서 배운 지식을 재확인하며 향후 미용업에 종사하게 되었을 때 마주할 수 있는 상황을 전제로 자신이 알고 있는 지식을 표현하는 연습할 수 있도록 구성하였다. 이 대화문을 바탕으로 스스로 새로운 대화를 재구성하고 연습할 수 있게 하였다.

## 지식 넓히기

본문에서 미처 다루지 못하였으나 학습자들이 알아둘 필요가 있는 관련 지식을 제시함으로써 전공 지식을 넓혀 준다.

# 미용의 시작

## 서양 미용사

# 서양 미용사

- 학습목표: 서양 미용의 역사를 이해할 수 있다.
- 학습기능: 시대별 미용 재료 파악하기
- 학습어휘: 시대별 미용 염료

◆ 원시시대의 미용 목적은 무엇이었을까요?

◆ 고대 이집트에서는 왜 눈화장을 했을까요?

◆ 목욕 문화는 언제부터 발달하기 시작했을까요?

## 주제 어휘

| | |
|---|---|
| **헤나 (Henna)** | 천연 나무인 헤나의 성분으로 만들어진 염색약의 한 종류. |
| **염료** | 피부나 옷감 등에 색을 들이는 물질. |
| **콜 (Kohl)** | 이집트와 아랍 여성들의 눈화장을 위한 검은 가루. |
| **안티모니 (Antimony)** | 준금속이며 고대에는 눈화장을 위한 염료 중 하나. |
| **식이 요법** | 식사 조절을 통해 병을 치료하거나 예방하는 방법. |
| **백연(연백) (White lead)** | 그림, 물감 등에 사용되는 하얀색 염료. |
| **석고 (Gypsum)** | 무색 또는 백색, 회백색의 석회질 광물. 주물 모형의 제작 재료나 의료용 깁스에도 사용된다. |
| **에넹 (Hennin)** | 중세 유럽에서 유행하던 원추형 모양의 여성용 모자. |
| **백납분 (Bleached beeswax powder)** | 벌집에서 얻은 밀랍을 표백, 정제한 것으로 만든 흰 가루. |
| **색조 화장 (Color makeup)** | 아이섀도, 립스틱 등으로 눈, 코, 입을 또렷하게 하여 얼굴을 더 아름답게 보이도록 하는 화장. |

## 미용의 역사

표준국어대사전에서 미용은 '아름다운 얼굴', '얼굴이나 머리를 아름답게 매만짐'으로 정의하고 있다. 이처럼 인간은 동서고금을 막론하고 자신의 신체를 아름답게 꾸미고자 하는 본능을 가지고 태어났다. 이러한 본능은 자연스럽게 자신을 타인보다 아름답게 돋보이고자 하는 열망으로 나타났는데, 이는 원시시대 유물에서도 알 수 있다. 미용은 본능적인 이유 이외에도 신분, 계급, 종족, 성별을 구분하는 기능을 하였으며, 남성들은 전투나 사냥을 할 때 화장이나 장식 등으로 자신을 위험으로부터 보호하고자 했다.

### • 고대(B.C. 3,000년~A.D. 3세기)

1) 고대 이집트 시대의 경우 종교와 권위의식의 영향으로 미용 역시 아름다움보다는 종교적인 이유로 시작되었다. 파라오 무덤에서 출토된 화장도구와 헤나 분말은 종교적 의식이나 제사에 사용한 대표적인 염료였다. 고온다습한 자연환경으로부터 모발을 보호하기 위해 가발을 쓰고, 피부 보호를 위해 올리브 오일, 아몬드 오일, 꿀, 우유 등을 발랐다. 또한 눈을 강조하면서 건조한 사막 환경에서 눈을 보호하기 위해 콜(Kohl), 안티모니 등을 사용해 눈화장을 했다. 더위로 인한 청결의 추구로 체계적인 목욕법이 유행하기도 했다.

2) 고대 그리스 시대에는 건강한 정신은 건강한 신체에서 시작된다는 생각으로 운동, 식이 요법, 목욕 및 마사지로 신체를 관리하였다. 특히 약초를 이용한 약물 목욕, 증기 목욕, 냉수욕, 온수욕 등 다양한 목욕 문화가 발달하였다. 화장 문화 역시 발달하였는데 초기에는 자연스러운 모습을 중시해 단순한 화장을 하였다. 중기 이후 하얀 얼굴 선호로 인해 백연, 석고 등을 얼굴에 발랐다.

3) 고대 로마 시대는 그리스 문화를 토대로 문화가 발전했기 때문에 미용에서도 자연스럽게 그리스 문화가 스며들었다. 로마 시대의 특징으로는 체계적인 목욕 문화 확립, 이용(이발과 미용), 청결 중시 경향 및 현대적 화장품의 원형 등장을 들 수 있다. 또한 남성을 위한 이발소가 성행했으며, 여성은 백색 피부와 금색 가발을 선호했다.

### • 중세(4~15세기)

미용 역사에서 중세 시대의 가장 큰 특징은 딱딱한 원추형 모자에 베일을 사용해 옷자락까지 늘어뜨린 에넹(Hennin) 모자의 등장이다. 여성들은 이 에넹을 착용하여 모발을 감추었다. 에넹은

15세기에 전성기를 이루었으나 착용하기 불편해 사라졌다. 이 시기에는 기독교적 금욕주의로 인해 화장과 향수가 크게 발달하지 못했다.

에넹(Hennin)

## • 르네상스 시대(1425~1580)

14세기 중반부터 시작된 르네상스 운동의 영향으로 여성들은 화장에 큰 관심을 갖기 시작했다. 당시 아름다움의 기준은 투명하고 창백한 피부, 눈썹까지 없애는 얼굴 전체 면도를 하고 백납분을 바르는 것이었다. 백납분으로 꼼꼼히 바른 창백한 피부에 볼과 입술만 가벼운 색조 화장을 했다. 또한 악취나 체취를 없애기 위해 강한 향수를 자주 사용하였다.

## • 근세(17세기~18세기)

남녀 모두 매우 진한 화장과 더불어 과한 장식을 하였다. 가발이 유행하였으며, 과도한 화장은 남녀 모두에게 유행하여 남성도 백납분으로 하얗게 화장한 후, 볼과 입술에 립스틱을 발랐다. 18세기 후반 프랑스 혁명으로 인해 귀족 사회가 붕괴되고 건강하고 자연스러운 아름다움이 강조되는 화장법으로 바뀌게 된다.

## • 근대(19세기)

산업혁명으로 비누가 대량 생산되자 위생과 청결을 중요하게 여기게 되었다. 귀족뿐만 아니라 일반인들도 화장품을 쉽게 접할 수 있었으며 품질도 향상되고 제품도 다양해졌다. 이 시기에는 화학, 제조술의 발달로 현재에도 화장품 제조에 많이 사용되는 산화 아연(Zinc Oxide)이 개발되어 백납분의 사용이 감소하였고, 화장은 여성들의 전유물이 되었다.

## • 현대(20세기~)

기술이 발전함에 따라 다양한 형태의 대중매체와 온라인을 중심으로 미용이 발전하였다. 또한 개성을 중시하여 다양한 화장법 및 헤어 문화가 공존하게 되었다. 피부의 결점을 보완하면서도 자신의 피부톤을 최대한 살리는 자연스러운 화장법을 선호한다. 현대의 미용은 아름다움을 추구할 뿐만 아니라 자신의 개성을 표현할 수 있는 하나의 방법으로 자리 잡았다.

☐ 동서고금 ☐ 막론하다 ☐ 권위의식 ☐ 과하다 ☐ 금욕주의 ☐ 붕괴되다

# 1. 헤어 미용

## (1) 모발의 성장과 구조

## (2) 두피와 모발 화장품

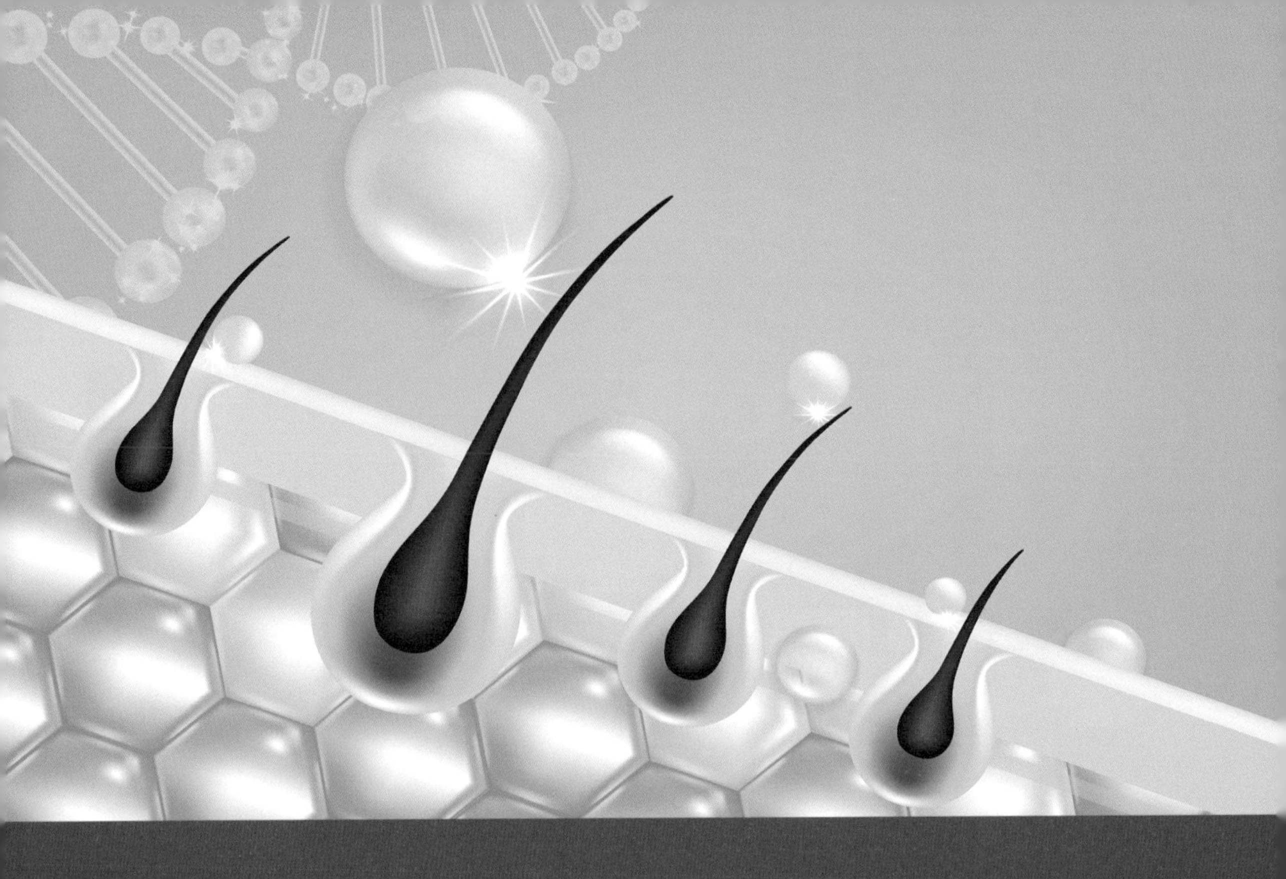

# (1) 모발의 성장과 구조

- 학습목표: 모발에 대한 개념을 이해할 수 있다.
- 학습기능: 모발에 대한 개념 파악하기, 헤어숍에서 파마하기
- 학습어휘: 모발의 구조, 모발의 기능
- 학습문법: '-고', '-(으)며'

◆ 모발은 언제, 어디에서 만들어질까요?

◆ 한번 만들어진 모발은 언제까지 계속 자랄까요?

◆ 사람들이 가진 모발의 형태는 모두 똑같을까요?

## 주제 어휘

| | |
|---|---|
| **모근부 (hair root)** | 모발의 피부 조직 안에 있는 부분이다. 모발 성장에 필요한 영양분을 혈관으로부터 공급받아 세포분열을 통해 모발을 만든다. 모낭, 모구, 모유두 등이 이 부분에 속한다. |
| **모낭 (hair follicle)** | '털주머니'라고도 하며 모근의 둘레를 싸고 있다. 모발이 피부 밖으로 나오는 동안 모발을 보호한다. 모발은 모두 모낭 내에서 만들어진다. |
| **모구 (hair bulb)** | 모근의 가장 아랫부분에서 공 모양으로 중심에 있는 모유두를 싸서 보호하고 있다. |
| **모유두 (hair papilla)** | 혈관과 신경이 있어서 영양분과 산소를 운반하여 모발의 성장을 돕는다. 모모세포가 모유두로부터 영양분을 공급받아 세포분열을 통해 모발을 만든다. |
| **모간부 (hair shaft)** | 모발의 피부 밖으로 나와 있는 부분이다. 중심부를 이루는 가느다란 모수질과 이를 둘러싸고 있는 좀 더 두꺼운 모피질, 비늘처럼 배열된 가장 바깥쪽의 모표피의 3개 층으로 나뉜다. |
| **모표피 (hair cuticle)** | 모발의 표면을 덮고 있는 가장 바깥층 조직이다. 비늘처럼 겹쳐져 있으며 반투명하다. 모표피의 미세한 틈으로 파마, 염색약의 침투가 이루어진다. |
| **모피질 (hair cortex)** | 모표피 안쪽에서 모발의 수분 유지와 탄력에 영향을 미친다. 멜라닌 색소를 많이 함유하고 있어 모발의 색상에도 영향을 준다. 화학약품의 작용을 쉽게 받아서 염색과 퍼머넌트 웨이브를 형성하는 곳이다. |
| **모수질 (hair medula)** | 모발 구조의 중심에 기둥 형태로 존재하여 공기가 들어 있다. 모수질 공기의 양이 많으면 모발에 광택이 난다. |

## 모발의 성장과 구조

현대인에게 헤어스타일은 매우 중요한 미적 요소이다. 헤어스타일에 대한 관심은 모발과 두피 관리로 이어진다. 모발이란 사람의 몸에 난 털을 통틀어 이르는 말로 그중에서도 사람의 머리털을 말한다. 인체의 모발은 약 100만 개이며 두피에만 약 10만 개가 있다. 모발의 발생은 어머니의 태내에서 시작되어 출생했을 때 신생아는 이미 몇 센티미터로 자란 머리카락을 가지고 있다. 모발의 길이는 25cm 정도 이후에는 자라는 속도가 반감된다. 모발의 성장 속도는 15~25세까지가 가장 빠르며, 낮보다 밤에 잘 자란다. 그리고 봄과 여름에 모발이 자라는 성장 속도가 더 빠르다. 모발은 케라틴이라는 경단백질로 구성되어 있다.

모발은 성장과 자연 탈모가 반복적이며 주기적으로 일어나는데 발생기, 성장기, 퇴화기, 휴지기의 헤어 사이클을 보인다. 발생기는 새로운 신생모를 만드는 시기로 이때 발생한 모발은 성장하고 휴지기에는 모발이 밀려서 빠져나온다. 이러한 모발의 헤어 사이클은 개인의 질병, 유전 체질, 연령 등에 따라 차이를 보인다. 성장기는 2~7년의 수명을 가지는데, 모발 전체의 80~90%는 성장기의 모발이다. 이때 왕성한 세포분열로 모발이 빠르게 성장한다. 성장기는 체내 호르몬, 영양 등의 영향에 따라 변화한다. 하루 평균 0.35~0.4m, 한 달 평균 1~1.5cm의 모발이 자란다. 퇴화기는 성장기를 마친 모발이 성장을 멈추는 시기로, 전체 모발의 1%가 퇴화기의 모발이다. 퇴화 기간은 1개월 정도로 세포분열이 점차로 둔화하다가 멈춘다. 휴지기는 머리카락이 빠지는 시기로 전체 모발의 14~15%를 차지하며, 기간은 3~4개월이다. 이때 오래된 모발은 빗질 등 가벼운 자극에도 떨어져 나간다.

모발은 피부 안쪽에 있는 모근부(hair root)와 피부 바깥쪽에 있는 모간부(hair shaft)로 나뉜다. 모근은 그 둘레를 모낭(hair follicle)이 싸고 있으며, 모낭은 피부의 함몰로 생긴 털의 주머니로 모발을 보호하는 역할을 한다. 모근의 가장 아랫부분을 모구(hair bulb)라고 하는데 모구는 혈관과 신경이 있는 모유두(hair papilla)를 싸서 보호한다. 모유두는 영양분과 산소를 운반함으로써 모발의

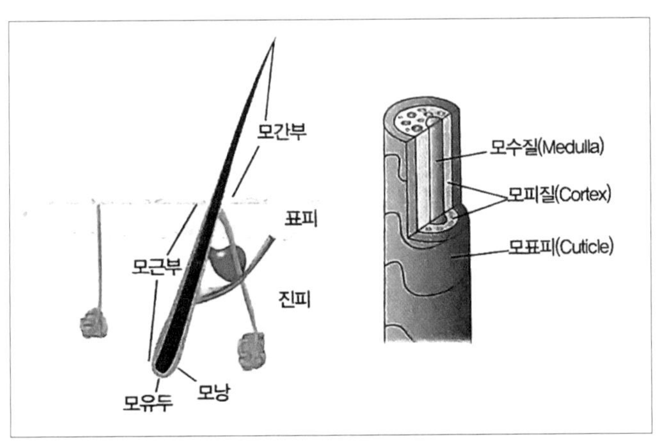

▲ 모발의 구조

성장을 돕는 직접적인 영양 공급원이다. 즉 모유두에서 모발이 만들어진다. 모간을 수직으로 절단하면 바깥쪽부터 모표피(hair cuticle), 모피질(hair cortex), 모수질(hair medula)의 3개 층으로 나뉜다. 모표피는 모발의 10~15%를 차지하는데 비늘 모양의 세포가 모발 끝을 향해 5~15층으로 겹쳐져 있으며 모발의 내부를 보호하는 역할을 한다. 모피질은 모발의 85~90%를 차지하며 모발의 유연성, 탄력, 강도, 감촉, 질감, 색상 등 물리적, 화학적 성질을 나타내는 가장 중요한 부분이다. 모수질은 모발의 중심부에 있는데 속이 비어 있으며 그 안에 공기를 함유하고 있다. 모수질 공기의 양이 많으면 모발에 광택이 나며 퍼머넌트 웨이브에 큰 영향을 준다.

| | | | | |
|---|---|---|---|---|
| □ 두피 | □ 반감되다 | □ 케라틴(keratin) | □ 경단백질 | □ 주기적 |
| □ 둔화하다 | □ 함몰 | □ 수직 | □ 절단하다 | □ 함유하다 |

## 내용 이해하기

### ◆ 다음 그림은 모발의 구조입니다. 빈칸에 알맞은 용어를 넣으세요.

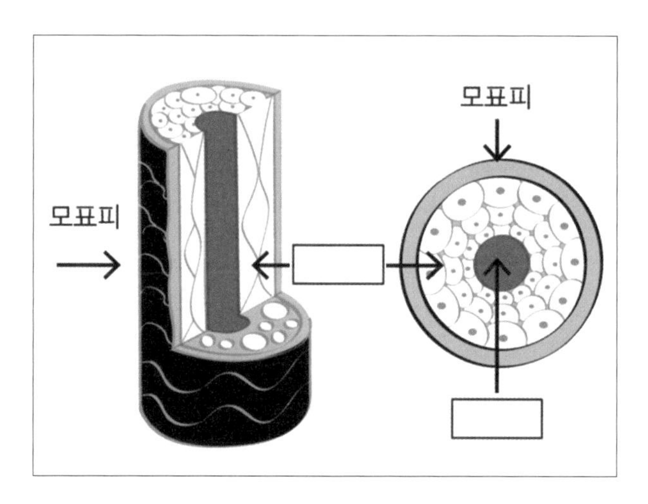

## ◆ 다음은 모발의 성장과 구조에 대한 문제입니다. 문제를 읽고 알맞은 답을 고르십시오.

1. 모발에 대한 설명으로 옳은 것은 무엇입니까?

① 모발의 발생은 출생 후부터 시작된다.

② 사람의 모발은 두피에 나는 머리카락만 있다.

③ 모발은 경단백질인 케라틴으로 구성되어 있다.

④ 모발의 성장과 탈모는 25세까지 반복적으로 일어난다.

2. 다음 중 모발의 성장단계를 옳게 나타낸 것은 무엇입니까?

① 성장기 → 휴지기 → 퇴화기

② 휴지기 → 발생기 → 퇴화기

③ 퇴화기 → 성장기 → 발생기

④ 성장기 → 퇴화기 → 휴지기

<미용사(미용 이론) 필기 2010년 10월 3일(5회)>

3. 다음 중 멜라닌 색소를 함유하고 있는 부분은 무엇입니까?

① 모피질 ② 모표피 ③ 모수질 ④ 모유두

<미용사(피부학) 필기 2011년 11월 9일(5회)>

4. 모발의 구조 중 피부 밖으로 나와 있는 부분은 무엇입니까?

① 모구 ② 모낭 ③ 모표피 ④ 모유두

<미용사(미용 이론) 필기 2009년 1월 18일(1회)>

5. 다음 용어의 설명으로 틀린 것은 무엇입니까?

① 모간부: 모수질, 모피질, 모표피의 3개 층으로 나뉜다.

② 모근부: 모발을 만드는 부분으로 피부 밖에 나와 있다.

③ 모수질: 피부 밖 모발의 중심부에 있으며 속이 비고 공기가 들어 있다.

④ 모유두: 영양분을 받은 모모세포의 세포분열을 통해 모발이 만들어진다.

# 문법 다지기

## ◆ 문법 '-고'와 '-(으)며' 비교

| -고 | -(으)며 |
|---|---|
| 둘 이상의 행위나 상태를 '대등'하게 연결 · 나열하는 문법 | |
| • 동사와 함께, 시간 '순서'에 따라 앞과 뒤를 연결할 때 주로 사용한다.<br>(예) 친구와 이야기를 하**고** 오해를 풀었다. (순서) | • 동사, 형용사, '이다'와 함께, '동시'에 겸하고 있음을 나타낸다.<br>(예) 친구와 이야기를 하**며** 오해를 풀었다. (동시) |
| • 반복적으로 써서 강조할 때 사용한다.<br>(예) 멀**고** 먼 길 (O)<br>깊**고** 깊은 바다 (O) | • 반복적으로 쓰지 않는다.<br>(예) 멀**며** 먼 길 (X)<br>깊으**며** 깊은 바다 (X) |
| • 있다, 싶다, 말다, 보다 등 어떤 행위나 느낌을 보충한다.<br>(예) 수지가 청소를 하**고** 있다. (O) | • 어떤 행위나 느낌을 보충하지 않는다.<br>(예) 수지가 청소를 하**며** 있다. (X) |

## ◆ 두 가지 표현 중 알맞은 답을 고르십시오.

1. 마음의 문을 ( 열고 / 열며 ) 대화합시다.

2. 우리는 음악을 ( 듣고 / 들으며 ) 파마했다.

3. 조심했지만 탈모가 ( 심해지고 / 심해지며 ) 말았다.

4. ( 펴고 / 펴며 ) 또 펴도 곱슬머리는 또 곱슬거리기 쉬워요.

5. 친구는 애쉬브라운으로 염색을 ( 하고 / 하며 ) 여행을 떠났다.

## 표현하기

◆ 다음은 헤어숍에서 미용사와 손님이 나누는 대화입니다. 대화를 읽고 연습해 보세요.

원 장: 안녕하세요. 머리 어떻게 해 드릴까요?

손님1: 저랑 제 친구 둘 다 파마해 주세요.

원 장: 손님, 머리가 강한 직모시네요.

손님1: 그래요?

원 장: 네. 직모는 머리카락이 곧게 자라서 파마가 빨리 풀릴 수도 있어요.
친구분은 파상모여서 괜찮을 것 같아요.

손님2: 파상모요?

원 장: 네, 보통 곱슬머리라고 하지요. 파상모는 머리카락이 굽어 있어서 파마가 잘 돼요.

손님1: 음… 그래도 파마하고 싶은데 그냥 해 주세요.

원 장: 네, 모발이 굵고 강한 직모니까 그거에 맞는 파마로 해 드릴게요.

손님1: 네, 잘 부탁드립니다.

원 장: 말씀드린 대로 빨리 풀릴 수 있으니까 해 보시고 손님 마음에 드는 스타일을 찾아보세요.

손님2: 제 머리도 잘 부탁드립니다.

## 표현 연습하기

◆ 앞에서 배운 문법을 사용하여, 헤어숍에서 모발의 특징에 대해 이야기하고 조언하는 대화문을 작성해 보세요.

원장:

손님:

원장:

손님:

원장:

손님:

원장:

손님:

원장:

손님:

파마

직모

곱슬머리

염색

스타일

## 지식 넓히기

### ◆ 다음은 모발의 분류에 대한 강연입니다.

여러분, 지난 시간에는 모발의 성장과 구조에 대해 알아보았습니다. 이번 시간에는 모발의 특징에 따른 분류를 살펴보려고 합니다. 모발은 굵기와 형태, 크게 이 두 가지의 특징으로 분류할 수 있습니다.

먼저 모발의 굵기에 따라 취모, 연모, 중간모, 성모로 나뉩니다. 취모는 태내에서 생긴 모발로 배냇머리라고도 하는데 모발 중 가장 가늘고 연하며, 모태에서는 4~5개월경 거의 전신에 발모합니다. 연모는 출생 무렵부터 피부의 대부분을 덮고 있는 섬세한 털로 솜털이라고도 합니다. 이 연모는 모수질이 없고 멜라닌 색소가 적어 갈색을 띱니다. 중간모는 연모와 성모의 중간 굵기의 모발입니다. 성모는 60~120㎛ 정도의 굵은 모발로 종모나 경모라고도 하는데 머리카락 눈썹, 속눈썹, 수염, 겨드랑이, 음부에 자라는 모발입니다. 두피의 모발은 모두 성모로 바뀝니다.

다음으로 모발은 형태에 따라 직모(straight hair), 파상모(wavy hair), 축모(kinky hair)로 나뉩니다. 직모는 현미경으로 관찰했을 때 표면이 원활한 곡면이고 단면은 원형이며, 동양인에게서 주로 나타납니다. 파상모는 현미경으로 관찰했을 때 활 모양으로 굽어 있어서 굵기가 일정하지 않고 단면은 타원형입니다. 모낭의 한쪽이 약간 굽어 있어서 곱슬거리는 모발로 자랍니다. 축모는 모낭이 한쪽으로 휘어 있어서 모발이 꼬불꼬불하게 성장하고 모발의 횡단면은 매우 작게 오그라진 타원형, 삼각형에 가깝습니다. 여기까지 질문 있습니까? 다음 시간에는 두피에 대해 알아보겠습니다.

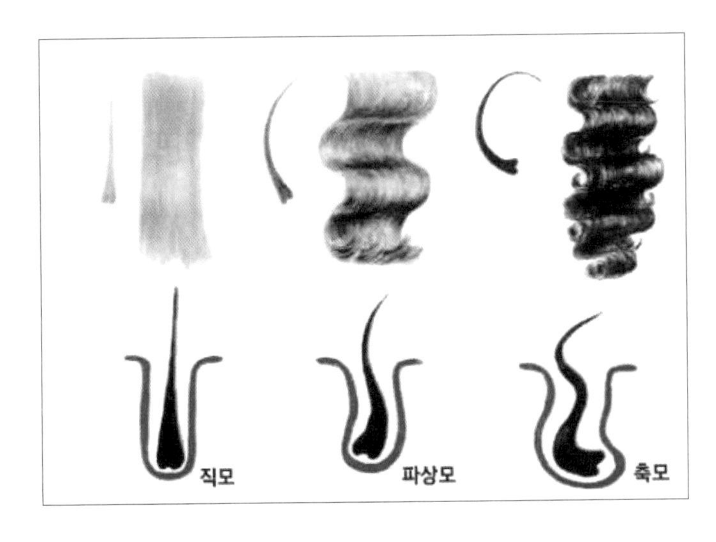


### ◆ 여러분의 모발은 어떤 특징이 있습니까?

## 쓰기

◆ 오늘 배운 모발의 종류를 분류하고 자신은 어떤 특징의 모발인지 설명하는 글을 써 보세요.

# (2) 두피와 모발 화장품

- 학습목표: 두피와 모발 화장품에 대한 개념을 이해할 수 있다.
- 학습기능: 두피와 모발 화장품에 대한 개념 파악하기, 친구와 두피 관리 대화하기
- 학습어휘: 두피와 모발 화장품의 종류 및 기능
- 학습문법: '-기 위해', '-(으)려고'

◆ 두피와 모발의 역할은 무엇일까요?

◆ 자신의 두피와 모발 타입을 알고 있나요?

◆ 두피와 모발에 사용하는 화장품은 무엇일까요?

## 주제 어휘

| | |
|---|---|
| **계면활성제 (surfactant)** | 다른 성질을 가진 두 가지 물질로 물과 기름을 섞이게 한다. 피부에 있는 노폐물을 쉽게 제거하는 작용을 한다. |
| **샴푸 (shampoo)** | 머리를 감는 데 쓰는 액체비누로 두피와 모발용 화장품이다. 두피와 모발에 붙어 오염 물질을 깨끗하게 씻어 낸다. |
| **컨디셔너 (conditioner)** | 모발 손상을 회복하도록 돕는 모발용 화장품이다. |
| **린스 (rinse)** | 머리를 헹굴 때 사용하는 세제로 모발용 화장품이다. 모발을 코팅하여 보호하고 광택이 있는 모발로 만들어 준다. |
| **트리트먼트 (treatment)** | 모발을 보호하고 영양을 공급하여 탄력 있는 모발로 만들어 주는 모발용 화장품이다. |
| **퍼머넌트 웨이브제** | 화학적 방법으로 모발의 구조나 형태를 변형하여 아름다운 물결 모양의 헤어스타일을 오랫동안 유지하게 하는 모발용 화장품이다. |
| **염색제** | 모발의 색이나 밝기에 변화를 주기 위한 약이다. 모발과 화학반응 하여 자극이 강하다. |
| **캐리어 오일** | 식물성 오일로 식물의 씨, 과육에서 추출한다. 피부에 잘 흡수되고, 에센셜 오일을 희석한다. |
| **에센셜 오일** | 모발의 광택과 유연성을 유지하기 위하여 머리카락에 바르는 기름으로 고농축 상태의 두피 관리 제품이다. 반드시 캐리어 오일에 희석하여 사용한다. |
| **영양 앰플** | 식물성 추출물로 두피의 생물학적 균형을 유지시켜 주는 두피 관리 제품이다. 비듬, 두피 염증 반응 등 두피의 문제를 개선하기 위한 고농축 제품이다. |

## 두피와 모발 화장품

두피는 머리 부위를 덮고 있는 피부로 모발과 연결되어 있다. 두피에는 모발이 있어서 미용적인 역할을 담당한다. 또 자외선과 외부의 충격, 더위와 추위 등으로부터 머리를 보호하고 체온 조절, 감각 수용 등 여러 기능적 역할을 담당한다. 두피와 모발의 상태에 따라 두피 관리가 달라지므로 먼저 두피와 모발의 상태에 대한 정확한 진단이 필요하다.

▲ 건강한 모발　▲ 건성 모발　▲ 지성 모발

샴푸는 모발과 두피를 세정하는 두피 화장품으로, 계면활성제로 이루어져 있다. 계면활성제는 물과 기름을 서로 섞어 주거나 피부에 있는 노폐물을 제거하는 작용을 한다. 석유 화학계 계면활성제는 장기간 사용하는 경우 면역력 저하로 인한 아토피, 천식, 비염을 유발할 수 있다. 그리고 신체 신경기능에 장애가 올 수도 있다. 따라서 코코넛이나 팜 등에서 추출한 천연 성분의 계면활성제가 긍정적인 평가를 받고 있다. 천연 계면활성제가 함유된 샴푸는 민감하고 손상이 심한 두피에 최소한의 자극을 주어 세정할 수 있다. 특히 문제성 두피 및 탈모에는 천연 계면활성제가 함유된 샴푸를 사용하는 것이 좋다.

샴푸는 모발의 상태에 따라 그에 맞는 기능을 가진 제품을 사용하는 것이 중요하다. 먼저, 일반적인 샴푸는 건강한 모발에 사용하는데, 모발의 상태가 극심한 건성이거나 지성일 경우 기능에 따라 다음과 같이 구분할 수 있다. 건성 모발용 샴푸는 푸석한 모발과 가루 형태의 비듬이 많은 사람이 사용하면 정전기를 줄이고 컨디셔너 성분에 의한 보습 효과를 볼 수 있다. 지성 모발용 샴푸는 피지 제거에 초점을 맞춰 세정력을 강화한 샴푸로, 두피와 모발의 기름기를 제거하는 기능을 가진다. 이외에도 저자극 활성제를 통해 자극을 낮춘 어린이용 샴푸와 두피 염증을 완화하는 기능 등을 통해 비듬 생성을 억제하는 비듬용 샴푸 등 다양한 기능에 특화된 샴푸들이 있다.

컨디셔너는 과도한 빗질, 헤어드라이어의 뜨거운 바람, 잦은 파마, 염색 등에 의한 모발 손상을 회복하도록 돕는 역할을 한다. 초기의 헤어 샴푸는 알칼리성을 강하게 띠어 거칠고 정전기가 잘 발생하는 모발을 만들었다. 컨디셔너는 이러한 문제를 해결하기 위해 만들어진 상품이다. 우리가 일반적으로 사용하는 컨디셔너로는 린스(rinse)와 트리트먼트(treatment)가 있다. 린스는 모발을 코팅하여 보호하는 역할을 하며, 두피에 닿지 않도록 모발에만 바르고 헹궈내는 것이 바람직하다. 반면, 트리트먼트는 모발을 보호하는 동시에 영양을 공급하여 탄력 있는 모발로 만들어 주는 역할을 한다. 트리트먼트는 모발에 발랐다가 헹궈내는 타입과 헹궈내지 않고 지속 시키는 헤어로션이나 헤어크림이 있다. 컨디셔너는 세정력을 약화하고 여러 오일을 포함해 모발 보호 성분을 강화한 것으로 지성 두피나 염증이 심한 두피에 닿을 경우, 오일 성분으로 인해 증상이 악화될 수 있다.

모발과 두피 화장품으로는 샴푸와 컨디셔너 외에도 퍼머넌트 웨이브제, 염색제, 두피 관리를 위한 오일 등이 있다. 반영구적으로 형태가 지속되는 웨이브라는 의미를 가지는 퍼머넌트 웨이브제는 화학적인 방법을 통해 약제를 이용하여 환원 반응과 산화 반응을 일으켜 모발의 형태가 웨이브가 되도록 만들어 고정하는 기능을 한다. 염색제는 영구염색제와 일시염색제로 구분되며, 영구염색제와 일시염색제는 모발의 염색 작용 과정과 염색이 지속되는 기간이 다르다는 차이를 가진다. 두피 관리 제품으로는 에센셜 오일과 캐리어 오일, 영양 앰플이 있으며, 제품별로 각기 다른 영양 성분을 통해 두피의 부족한 부분을 개선한다는 특징을 지닌다.

□ 자외선 □ 수용 □ 세정하다 □ 노폐물 □ 면역력 □ 유발하다 □ 비듬
□ 함유되다 □ 푸석하다 □ 코팅하다 □ 영구 □ 환원 □ 반응 □ 정전기

## 내용 이해하기

◆ 다음 그림은 모발의 상태입니다. 빈칸에 알맞은 용어를 넣으세요.

◆ 다음은 두피와 모발 화장품에 대한 문제입니다. 문제를 읽고 알맞은 답을 고르십시오.

1. 헤어 샴푸의 목적과 가장 거리가 먼 것은?

① 두발의 건전한 발육 촉진

② 청결한 두피와 두발을 유지

③ 두피와 두발에 영양을 공급

④ 헤어 트리트먼트를 쉽게 할 수 있는 기초

<미용사(미용 이론) 필기 2011년 10월 9일(5회)>

* 두발: 머리에 난 털.

2. 모발의 상태와 샴푸 연결이 잘못된 것은 무엇입니까?

① 일반적인 샴푸 - 건강한 모발에 사용

② 지성 모발용 샴푸 - 두피와 모발의 기름기를 제거하는 샴푸

③ 비듬용 샴푸 - 두피 염증을 완화하여 비듬 생성을 억제하는 샴푸

④ 건성 모발용 샴푸 - 피지 제거에 초점을 맞춰 세정력을 강화한 샴푸

3. 다음 중 샴푸의 주성분은 무엇입니까?

① 오일 ② 케라틴 ③ 계면활성제 ④ 식물성 추출물

4. 두피의 표피로부터 가볍게 흩어지고 지속적으로 생기는 죽은 각질세포는 무엇입니까?

① 비듬 ② 단백질 ③ 두드러기 ④ 계면활성제

<미용사(피부학) 필기 2009년 1월 18일(1회)>

5. 모발이 손상되는 원인이 아닌 것은 무엇입니까?

① 모발을 헤어 드라이어기로 급속하게 건조한 경우

② 모발 상태에 맞는 샴푸와 컨디셔너를 사용한 경우

③ 지나친 빗질과 볼륨을 주기 위한 반대 방향의 빗질을 한 경우

④ 해수욕 후 염분이나 풀장의 소독용 표백분이 모발에 남아 있을 경우

<미용사(미용 이론) 필기 2010년 3월 28일(2회)>

# 문법 다지기

## ◆ 문법 '-기 위해'와 '-(으)려고' 비교

| -기 위해 | -(으)려고 |
| --- | --- |
| 목적, 의도를 나타내는 문법 | |
| • 목적어 없이 '하다'와 사용하지 않는다.<br>즉 의도만 말하지 않는다.<br>(예) 꿈을 이루**기 위해** 해요. (X)<br>꿈을 이루**기 위해** 일을 해요. (O) | • 목적어 없이 '하다'와 사용할 수 있다.<br>즉 의도만 말할 수 있다.<br>(예) 꿈을 이루**려고** 해요. (O)<br>꿈을 이루**려고** 일을 해요. (O) |
| • 명령형, 청유형, 모든 시제에 사용한다.<br>(예) 밥을 먹**기 위해** 준비하세요. (O)<br>집을 사**기 위해**서 돈을 모아야 해요. (O) | • 명령형, 청유형에 사용하지 않는다.<br>'미래' 시제에 사용하지 않는다.<br>(예) 밥을 먹으**려고** 준비하세요. (X)<br>집을 사**려고** 돈을 모아야 해요. (X) |
| • 'N을/를 위해'의 형태로도 사용한다.<br>(예) 건강**을 위해** 운동한다. (O) | • 명사와 함께 사용하지 않는다.<br>(예) 건강이**려고** 운동한다. (X) |

## ◆ 두 가지 표현 중 알맞은 답을 고르십시오.

1. 헤어 샴푸를 ( 바꾸기 위해 / 바꾸려고 ) 해요.

2. 모발 건강( 을 위해 / 이려고 ) 이 컨디셔너를 사용하세요.

3. 비듬을 ( 없애기 위해 / 없애려고 ) 비듬용 샴푸를 살 거예요.

4. 취업에 ( 성공하기 위해 / 성공하려고 ) 열심히 준비해야 해요.

5. 전문가의 도움을 받고 두피를 ( 관리하기 위해 / 관리하려고 ) 합니다.

## 표현하기

◆ **다음은 두 친구가 나누는 두피 관리에 대한 대화입니다. 대화를 읽고 연습해 보세요.**

민정: 나 요즘 머리가 푸석푸석해서 고민이야. 샴푸랑 린스도 잘 하는데 왜 그런지 모르겠어.

수지: 내가 도와줄게. 혹시 어떤 샴푸 써?

민정: 그냥 일반적인 샴푸 사용하고 있어. 근데 샴푸에도 종류가 있어?

수지: 당연하지. 두피와 모발 상태에 따라 맞는 샴푸가 있는걸.

민정: 정말? 난 머리카락이 금방 푸석해지고 정전기도 잘 일어나서 고민인데, 어떤 샴푸를 사용하는 게 좋을까?

수지: 민정이 너처럼 푸석하고 건조한 경우에는 건성 모발용 샴푸를 사용하는 게 가장 좋아. 건성 타입이라면 비듬이 생기기도 쉬우니까 비듬용 샴푸를 사용하는 것도 좋을 거야.

민정: 그렇구나. 알려줘서 고마워. 그런데 혹시 린스 사용법도 알려줄 수 있어?

수지: 린스는 두피에 닿지 않게 모발에만 바른 후 물로 헹궈내면 돼. 두피에 닿으면 오일 성분 때문에 염증이 생길 수도 있으니 조심해.

민정: 고마워. 조언해 준 대로 관리해 볼게.

수지: 친구 사이에 뭘. 혹시 모르는 거 있으면 언제든 물어봐. 요즘엔 두피를 관리하기 위해 전문가의 도움도 많이 받아. 내가 가는 헤어숍에 같이 가면 원장님이 좋은 두피 관리 제품을 소개해 줄 거야.

## 표현 연습하기

◆ 앞에서 배운 문법을 사용하여, 두피와 모발 관리에 대해 친구와 이야기하는 대화문을 작성해 보세요.

민정:

수지:

민정:

수지:

민정:

수지:

민정:

수지:

민정:

수지:

두피

모발 상태

샴푸

린스

건성/지성

## 지식 넓히기

### ◆ 손상 모발 관리를 위한 5가지 수칙

1. 기본 케어를 한다.

두피와 모발도 지속적인 케어가 필요하므로 꾸준하고 세심하게 씻고 바른다.

2. 일주일에 1~2회 트리트먼트나 헤어 앰플을 한다.

두피와 모발을 깨끗하게 세정한 후 트리트먼트나 앰플을 바른다. 몇 분 후에 깨끗하게 씻어 낸다. 손상이 심할수록 꾸준하고 지속적인 관리가 필요하다.

3. 오일이나 트리트먼트를 모발 끝에 바른다.

드라이 전후에는 항상 오일이나 트리트먼트를 모발 끝에 발라서 모발을 보호해 주는 것이 좋다. 젖은 모발은 손상되기 쉬우니 수건으로 충분히 말린 후 급하지 않게 블로우 드라이를 한다.

4. 손상된 모발은 잘라낸다.

끝이 손상된 모발은 전문가와 상의하면서 조금씩 다듬는다. 그냥 두면 계속 끝이 갈라져서 더욱 심각한 상태가 된다.

5. 파마, 염색은 전문가에게 맡긴다.

파마나 염색은 헤어 손상을 줄이기 위해 꼭 전문가에게 맡긴다.

* 블로우 드라이: 드라이어기의 바람의 열로 드라이하는 방법

### ◆ 여러분은 두피와 모발 관리를 위해 어떻게 하고 있습니까?

## 쓰기

◆ 자신의 모발 관리 방법을 제시하고 모발 상태에 따라 알맞는 관리 방법을 글로 써 보세요.

# 2. 피부 관리

## (1) 피부의 구조와 기능

## (2) 피부 분석과 화장품

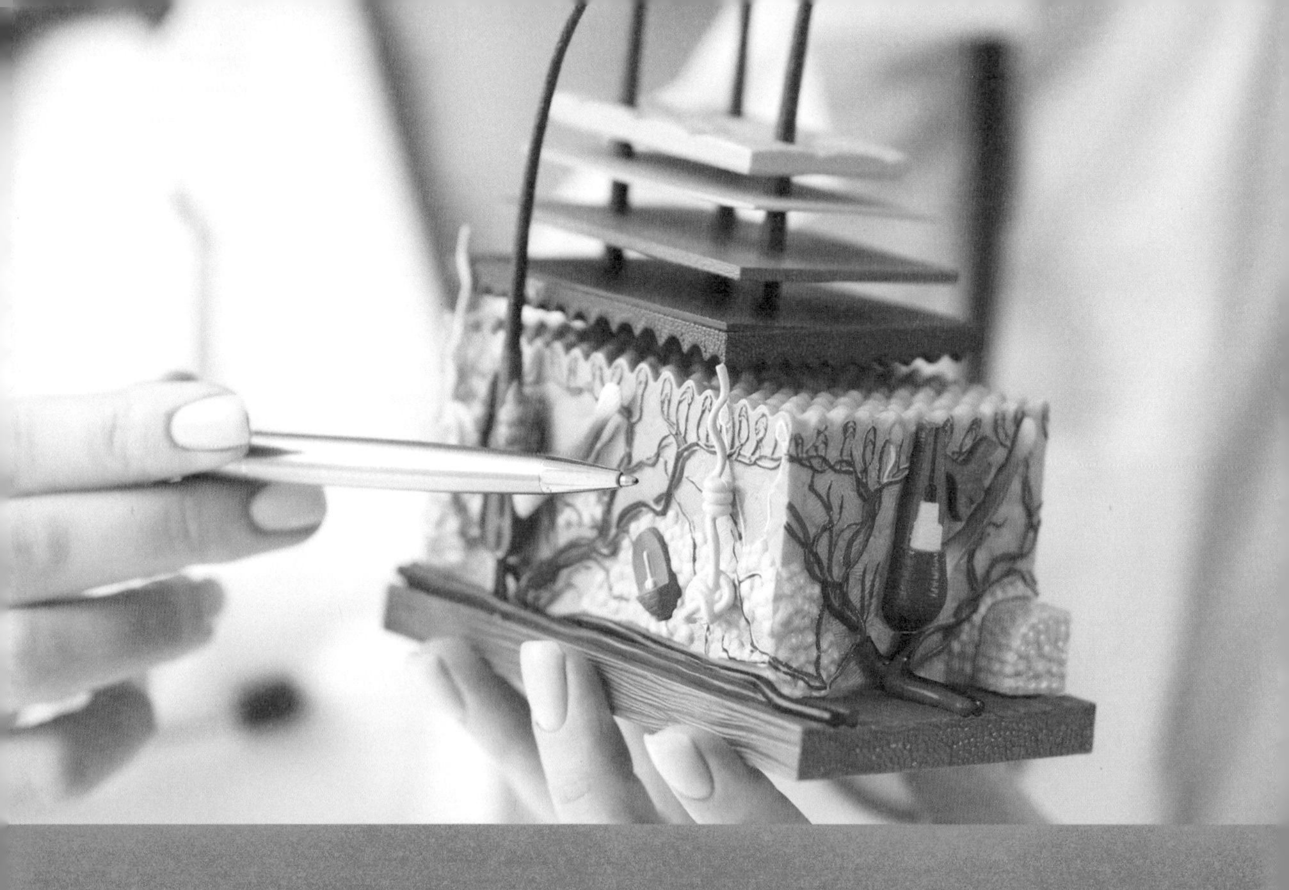

# (1) 피부의 구조와 기능

- 학습목표: 피부의 구조와 기능을 이해할 수 있다.
- 학습기능: 피부 화장품 성분 설명하기
- 학습어휘: 피부의 구조, 피부의 기능
- 학습문법: '-도록', '-게'

◆ 우리 몸의 피부는 어떤 역할을 할까요?

◆ 피부가 어떤 구조로 이루어졌는지 알고 있나요?

◆ 우리가 피부를 관리해야 하는 이유는 무엇일까요?

## 주제 어휘

| | |
|---|---|
| **표피 (Epidermis)** | 얇은 피부의 가장 바깥쪽 층으로, 납작한 세포들이 벽돌처럼 쌓여있다. 피부를 보호하는 주요 부분이다. |
| **진피 (Dermis)** | 표피 아래에 있는 가장 두꺼운 세포층으로, 피부의 탄력, 윤기 등에 관여한다. 혈관계나 신경계, 림프계 등이 얽혀있다. |
| **피하 지방층 (Subcutaneous Layer 또는 Hypodermis)** | 피부의 가장 안쪽 층으로, 충격 흡수 및 에너지 저장의 기능을 한다. |
| **멜라닌 세포 (Melanocytes)** | 세포의 한 종류로 피부의 색상을 결정한다. |
| **랑게르한스 세포 (Langerhans cells)** | 세포의 한 종류로 면역 반응 및 알레르기, 바이러스 방어의 역할을 한다. |
| **메르켈 세포 (Merkel cells)** | 세포의 한 종류로 피부의 촉각을 담당한다. |
| **콜라겐 (Collagen)** | 단백질의 한 종류로 피부의 탄력과 구조를 유지하는 역할을 한다. |
| **엘라스틴 (Elastin)** | 단백질의 한 종류로 피부의 탄력을 주는 역할을 한다. |
| **히아루론산 (Hyaluronic acid)** | 피부의 수분을 유지하는 성분이다. |
| **피지선 (Sebaceous gland)** | 피부에 윤기를 주는 세포와 호르몬의 활동에 따라 활동하는 선이다. |

## 피부의 구조와 기능

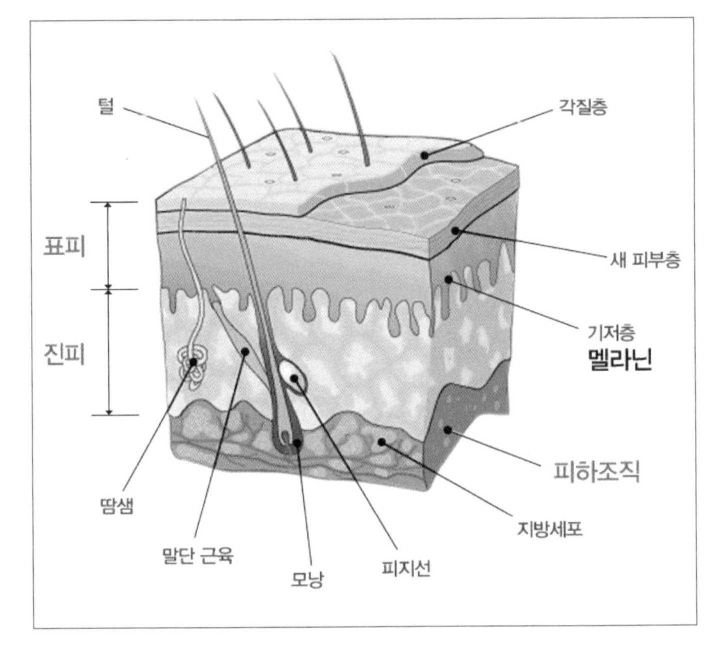


피부는 우리 몸을 외부 환경의 다양한 요소로부터 보호하는 중요한 막으로, 여러 생리 기능을 수행한다. 표피, 진피, 피하지방층(피하조직)의 세 부분으로 이루어져 있고, 개인의 특성, 성별, 나이, 부위 등에 따라 크기나 두께가 달라진다. 성인의 피부는 전체 체중의 약 7~8%를 차지하고, 무게는 약 4kg이다. 피부는 외부의 조건에 따라 다양한 손상을 받을 수 있고, 특히 추위, 뜨거움, 자외선과 같은 요소에 민감하며, 최악의 경우에는 피부암에 걸릴 수도 있다.

피부의 표피는 편평상피세포로 이루어져 있으며, 그 두께는 0.1mm~0.3mm로, 진피와 피하지방층보다 얇다. 이 표피는 약 28일 주기로 갱신되는데, 주로 각질형성세포로 구성되어 있다. 이러한 세포들은 각화 과정을 통해 각질세포로 변화하며, 이 과정에서 피부의 보호 역할을 수행한다. 그밖에 멜라닌 세포, 랑게르한스 세포, 메르켈 세포가 있는데 멜라닌 세포는 자외선으로부터의 보호와 피부의 색상을 결정하는 역할을 하며, 모든 인간은 거의 같은 수의 멜라닌 세포를 가지고 있다. 랑게르한스 세포는 피부의 면역 반응과 알레르기, 바이러스 방어 등의 중요한 역할을 하고, 메르켈 세포는 촉각을 담당한다. 피부의 표피는 여러 층으로 나뉘어 있으며, 각 층은 특별한 기능을 가진다. 가장 바깥쪽인 각질층은 주로 케라틴 단백질과 지질로 구성되어 외부의 물리적, 화학적 충격에 대한 방어 역할을 한다. 투명층은 주로 발바닥과 손바닥에 위치하며, 엘라이딘 성분을 통해 빛을 굴절시키고 차단한다. 과립층은 물과 이물질이 침투하지 못하게 하며, 유극층은 면역 기능을 담당하고 물질 교환이 이루어진다. 가장 안쪽의 기저층은 세포 분열이 활발하여 표피를 재생시키며, 멜라닌 세포를 통해 피부색을 결정하고 피부를 보호한다.

진피는 피부의 약 90% 정도를 차지하고, 표피의 약 10배에 해당하는 두께를 가지고 있다. 피부 노화의 척도로, 혈관, 지각신경, 자율신경이 있어 혈액순환 및 영양공급을 담당한다. 주요 구성 성분은 콜라겐과 엘라스틴인데, 콜라겐은 피부 장력과 보호 역할을, 엘라스틴은 피부의 탄력을 유지한다. 히아루론산은 보습 성분으로 수분을 많이 보유한다. 유두층은 진피 상층에 있어 신축성을 부여하며, 망상층은 탄력적 역할을 하며, 피부를 물리적 충격으로부터 보호한다.

피하 지방층은 피부의 깊숙한 부분에 위치해 충격을 흡수하고 체온과 수분을 조절하며, 에너지를 저장한다. 특정 부위에는 지방이 많이 축적되지만, 눈꺼풀이나 입술 등 일부 부위는 그렇지 않다. 한선은 땀을 분비하여 체온을 조절하고, 땀에는 다양한 물질이 함유되어 있다. 피지선은 피부에 윤기를 주며, 호르몬의 영향을 받아 활동한다.

피부는 건강의 중요한 지표로 볼 수 있으며, 우리 몸의 내부 기능과 깊은 관계를 가지고 있다. 피부의 케라틴은 우리의 피부를 탄력적이고 부드럽게끔 유지하면서 외부의 다양한 자극에 대해 저항한다. 피부는 또한 혈관의 확장과 수축으로 체온을 조절하며, 땀샘의 활동을 통해 우리 몸의 온도를 정상 범위 내에서 유지한다. 피부에는 각종 감각기관이 분포해 있어, 다양한 자극을 뇌로 전달하여 주변 환경과 상호작용한다. 이러한 감각의 중요성 때문에, 피부의 관리는 일상생활에서 중요시된다. 또한 피부는 비타민D 합성의 주요 장소인데, 이 비타민은 자외선을 통해 우리 몸으로 들어와 몸의 칼슘 농도를 조절할 뿐만 아니라 뼈의 건강을 유지하는 데에도 중요한 역할을 한다. 마지막으로, 피부는 호흡 과정에도 참여한다. 따라서 피부를 깨끗하게 관리하는 것은 피부 호흡과 건강 유지에 중요하다. 특히 성분에 따라서는 화장품이 피부를 통해 흡수될 경우 안 좋은 영향을 미칠 수 있으므로 꼼꼼하게 씻어낼 필요가 있다.

| | | | | | | |
|---|---|---|---|---|---|---|
| □ 막 | □ 지표 | □ 범위 | □ 분포 | □ 농도 | □ 조절 | □ 흡수 |
| □ 자극 | □ 합성 | □ 탄력적 | □ 분비하다 | □ 수행하다 | □ 상호작용 | |

## 내용 이해하기

◆ 다음 그림은 피부의 구조입니다. 빈칸에 알맞은 용어를 넣으세요.

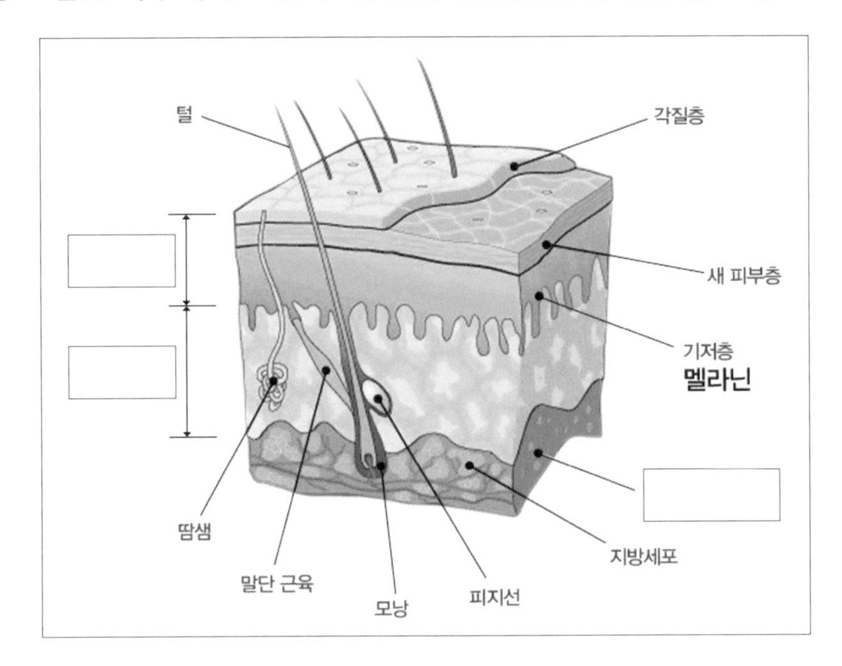


◆ 다음은 피부의 구조과 기능과 관련된 문제입니다. 문제를 읽고 알맞은 답을 고르십시오.

1. 피부의 기능에 대한 설명으로 틀린 것은 무엇입니까?

① 체온조절을 한다.

② 감각을 느끼게 한다.

③ 비타민 B를 생성한다.

④ 인체 내부 기관을 보호한다.

<미용사(피부) 필기 2011년 07월 31일(4회)>

2. 다음 중 표피층에 존재하는 세포가 아닌 것은 무엇입니까?

① 비만세포

② 멜라닌 세포

③ 각질형성 세포

④ 랑게르한스 세포

<미용사(피부) 필기 2011년 07월 31일(4회)>

3. 피부 각질형성세포의 일반적 각화 주기는 무엇입니까?

① 약 1주 ② 약 2주 ③ 약 3주 ④ 약 4주

<미용사(피부) 필기 2011년 04월 17일(2회)>

4. 피부색을 결정짓는데 주요한 요인이 되는 멜라닌 색소를 만들어 내는 피부층은 무엇입니까?

① 과립층 ② 기저층 ③ 유극층 ④ 유두층

<미용사(피부) 필기 2011년 10월 09일(5회)>

5. 어부들에게 피부의 노화가 조기에 나타나는 가장 큰 원인은 무엇입니까?

① 햇볕에 많이 노출되어서

② 바다의 일에 과로하여서

③ 바다에 오존 성분이 많아서

④ 생선을 너무 많이 섭취하여서

<미용사(피부) 필기 2011년 04월 17일(2회)>

# 문법 다지기

## ◆ 문법 '-도록'과 '-게' 비교

| -도록 | -게 |
| --- | --- |
| 앞의 말이 뒤의 말에 대한 목적, 결과, 방식, 정도 등이 됨을 나타내는 어미.<br>'하다'를 붙여 다른 사람에게 어떤 행동을 시키거나 허락, 허용을 할 때 쓴다. | |
| • 어느 정도에 도달할 만큼이라는 의미로 쓸 수 있다.<br>(예) 밤새**도록** 일을 끝내지 못했다.(O)<br>밤새**게** 일을 끝내지 못했다.(X) | • 상태나 상황을 나타내는 의미로 쓸 수 있다.<br>(예) 친구가 밝**게** 웃었다. (O)<br>친구가 밝**도록** 웃었다.(X) |
| • '하다'와 명령형을 함께 썼을 때 듣는 사람에게 어떤 행동을 하라는 명령의 의미로 쓸 수 있다.<br>(예) 지금 얼른 (네가) 씻**도록 해**. | • '하다'와 명령형을 함께 썼을 때 듣는 사람이 다른 사람의 행동을 만들라는 명령의 의미로 쓸 수 있다.<br>(예) 지금 얼른 동생 씻**게 해**. |
| • '하다'에 '-겠-'을 쓰면 자신의 다짐을 나타내는 의미로 쓸 수 있다.<br>(예) (나는) 공부를 열심히 하**도록 하겠다**. | • '하다'에 '-겠-'을 쓰면 앞으로 다른 사람에게 시킬 것이라는 의미로 쓸 수 있다.<br>(예) 내일 그들이 일찍 오**게 하겠다**. |

## ◆ 두 가지 표현 중 알맞은 답을 고르십시오.

1. 나는 정말 그를 ( 죽도록 / 죽게 ) 사랑한다.

2. 그가 나를 떠난 지 3년이 ( 지나게 / 지나도록 ) 연락이 없다.

3. 피부 건강을 위해 자외선 차단제를 잘 ( 바르도록 / 바르게 ) 하겠다.

4. 케라틴은 우리의 피부를 탄력적이고 ( 부드럽도록 / 부드럽게 ) 유지해 준다.

5. 화장품이 피부에 남아 있으면 안 좋으므로 잘 ( 씻어내도록 / 씻어내게 ) 한다.

## 표현하기

**◆ 다음은 피부 클리닉에서 원장과 손님이 나누는 대화입니다. 대화를 읽고 연습해 보세요.**

원장: 안녕하세요! 저희 클리닉 처음이신가요?

손님: 네, 요즘 피부에 고민이 있어서 왔어요. 피부가 건조하고, 여기저기에 여드름도 좀 생겼거든요.

원장: 평소 스킨케어는 어떻게 하고 계신가요?

손님: 그냥 간단하게 세안 후에 로션만 바르고 있어요.

원장: 로션만 바르시면 보습을 하기엔 부족할 수 있어요. 히아루론산이 들어있는 제품이나, 콜라겐 크림도 사용해보시는 게 어떨까요?

손님: 추천해 주실 만한 제품 있나요?

원장: 저희 클리닉에도 좋은 제품들이 있어요. 아니면 화장품 가게에서도 히아루론산 크림이나 세럼은 쉽게 구할 수 있고요.

손님: 그렇군요. 근데 제 피부가 좀 민감해서요.

원장: 민감한 피부라면 무엇보다 피부에 잘 맞는 것이 중요하니까 구입하시기 전에 패치 테스트를 해보도록 하세요.

손님: 패치 테스트 말이지요. 알겠습니다. 좋은 정보 감사합니다.

## 표현하기

◆ '표현하기'에서 살펴본 대화를 바탕으로 피부 클리닉에서 피부 문제를 말하고 화장품 성분을 들어 제안하는 대화를 만들어 보세요.

| | |
|---|---|
| 원장: | 피부 고민 |
| 손님: | 성분 |
| 원장: | 엘라스틴 |
| 손님: | 콜라겐 |
| 원장: | 비타민 |
| 손님: | |
| 원장: | |
| 손님: | |

## 표현 연습하기

### ◆ 다음은 문제성 피부에 대한 설명입니다.

문제성 피부의 대표적인 예로 여드름과 색소침착이 있다. 여드름은 모피지낭을 침범하는 만성 염증성 질환으로, 면포, 구진, 농포, 낭종, 결절, 반흔 등의 증상이 나타나며, 주로 얼굴, 등, 어깨, 목 등에 발생한다. 주로 12-25세 사이에 경험하며, 남성과 여성 모두에서 나타난다. 여드름은 여러 가지 유형이 있으며, 그 원인에는 남성 호르몬, 모낭의 이상 각화, 염증, 세균증식, 영양불균형, 자외선, 화장품 등이 있다. 색소침착은 멜라닌세포의 활성화로 인해 피부에 색소가 생성되는 것을 말하며, 이는 피부를 보호하기 위한 방어기전이다. 흔히 기미 피부라고 이야기하기도 한다. 자외선 노출로 인한 홍반과 광노화, 일광화상, 피부암, 광독성, 광알레르기 반응 등이 색소침착의 원인이다. 치료로는 이온토포레시스, 초음파, 자외선 차단제 사용이 좋다.

### ◆ 위 글을 읽고 자신이 경험한 문제성 피부에 대해 이야기해 보세요.

## 쓰기

◆ 여러분이 겪어 본 피부 트러블의 증상과 원인 그리고 해결 방법에 대해 써 보세요.

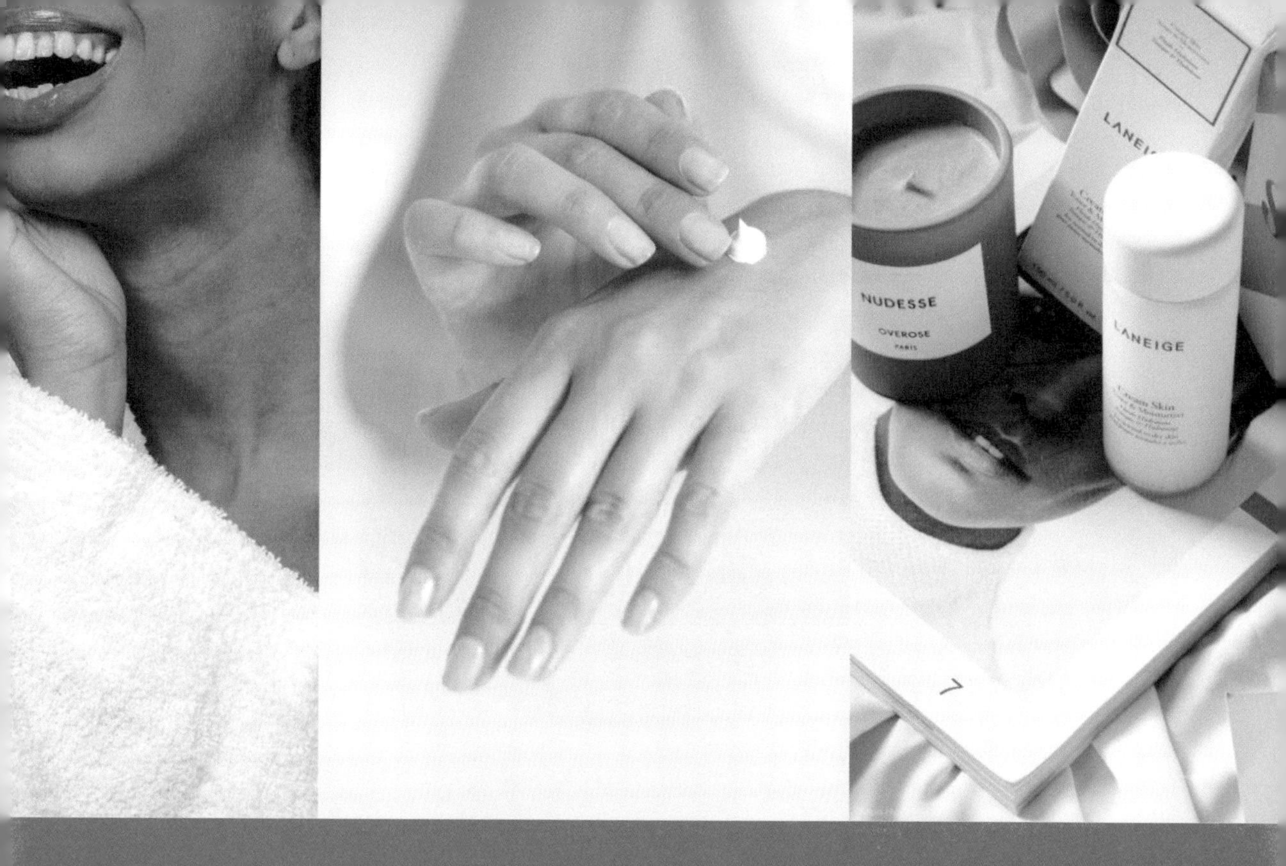


# (2) 피부 분석과 화장품

- 학습목표: 피부를 분석하고 이에 맞는 화장품 성분을 이해할 수 있다.
- 학습기능: 피부 유형에 따른 화장품을 제안하기
- 학습어휘: 피부 유형, 화장품 성분
- 학습문법: '-는 대로, '-자마자'

◆ 여러분은 자신의 피부 유형을 알고 있나요?

◆ 평소 피부 유형에 맞는 화장품을 사용하고 있나요?

◆ 자신의 피부 유형을 아는 것이 중요한 이유는 무엇일까요?

## 주제 어휘

| | |
|---|---|
| 문진<br>(Medical examination by interview) | 진단의 기초로 삼기 위하여, 고객에게 알레르기나 병력 등을 물어 상태를 판단하는 방법이다. |
| 견진 (Visual Examination) | 고객의 피부 상태를 직접 보거나 확대경이나 우드램프와 같은 기계로 판독하는 방법이다. |
| 촉진 (Palpation) | 피부를 직접 만져 봄으로써 피부 속 수분이나 각질 상태, 조직과 탄력을 판독하는 방법이다. |
| 친유성 (Lipophilic)<br>/친수성 (Hydrophilic) | 유성을 가지며, 기름에 잘 녹는 성질을 가진 물질.<br>/수성을 가지며, 물에 잘 녹는 성질을 가진 물질. |
| 유연 화장수<br>(Softening lotion) | 각질층을 촉촉하고 부드럽게 유지시켜 주며 다음 단계 화장품의 흡수를 쉽게 하는 화장품. |
| 수렴 화장수<br>(Astringent lotion) | 각질층의 모공을 수축시켜 피부결을 정돈해 주며, 피지와 땀의 과다 분비를 억제시켜주므로 지성피부에 적합한 화장품. |
| 세라마이드 (Ceramide) | 피부의 각질층에서 발견되는 지질 성분으로, 피부의 보습 장벽을 강화하는 데 도움을 준다. |
| 레티놀 (Retinol) | 비타민 A의 한 형태로, 주로 주름 개선과 피부 노화 예방에 사용된다. |
| 아줄렌 (Azulene) | 카밀레 꽃에서 얻을 수 있는 물질인데, 항염, 항알러지, 진정및 상처치유 효과가 있다. |
| 위치하젤 (Witch Hazel) | 피부의 수축 및 진정 효과가 있어 여드름 및 홍조 치료에 유용하다. |
| 판테놀 (Panthenol) | 비타민 B5의 전구체로, 피부의 보습과 치유 효과를 지닌 성분. |

## 피부 분석과 화장품

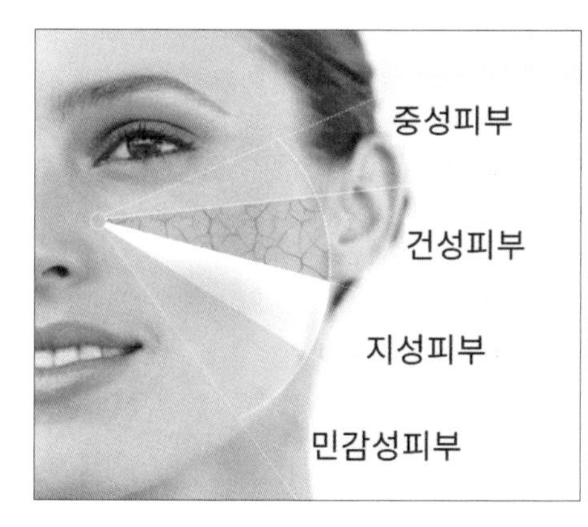


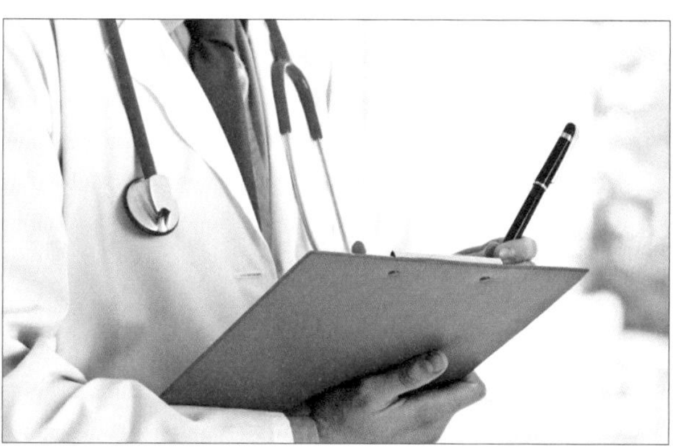

피부는 우리 몸에서 가장 큰 기관이며 외부 침입에 맞서는 첫 번째 방어선이다. 그러나 피부는 외부 환경, 생활 습관, 체질 등에 따라 수시로 변화하므로 올바른 관리가 필요하다.

피부 분석은 그러한 변화를 수시로 파악하기 위한 핵심 과정이다. 피부 분석의 주요 목적은 피부의 증상과 원인을 파악하여 적절한 피부 관리를 제공하는 것이다. 정기적인 피부 분석을 통해, 피부 유형의 변화와 상태를 정확히 파악하게 되며, 이를 기록함으로써 맞춤형 피부 관리의 첫걸음이 된다. 기본적으로 클렌징 후에 진행한다.

다음 단계는 피부 상담이다. 이는 효율적인 피부 관리를 위한 중요한 프로세스로, 고객의 방문 목적을 확인하고 피부 상태 및 문제점을 파악한다. 또한, 관리 계획을 수립하고 피부에 대한 조언을 제공한다. 이 과정에서 고객의 병력, 병원 방문 및 약물 치료 사항, 그리고 고객의 홈 케어 습관 등을 체크하게 된다. 이를 통해, 고객에게 심리적 안정감을 주며, 피부 관리의 필요성을 깨닫게 해준다. 또한, 올바른 홈 케어 방법에 대한 교육도 병행하게 되어 피부 건강의 지속적인 유지에 도움을 준다.

피부 유형의 분석법은 다양하다. 고객에게 직접적인 질문을 통한 문진, 육안 판독을 통한 견진, 만져서 판단하는 촉진 등이 포함된다. 또한, 기기를 이용한 분석법도 활용되는데, 예를 들면 우드램프는 자외선을 이용하며, 확대경은 육안의 5배까지 확대하여 분석한다. 피부 분석기는 피부를 80~200배 확대하여 상태를 파악하며, 유수분의 pH를 측정하는 기기도 활용된다.

피부 유형을 결정하는 주요 요인으로는 유수분의 함유량, 각질의 상태, 모공의 크기, 그리고 탄력의 상태 등이 있다. 이러한 요인들을 고려하여 각 고객의 피부 유형과 상태를 정확히 파악하고, 그에 맞는 관리 방안을 제안하는 것이 피부 관리 전문가의 주요 업무이다.

피부 분석뿐만 아니라 클렌징과 화장품의 선택은 매우 중요하다. 클렌징은 먼지와 분비물, 메이크업 잔여물 제거뿐만 아니라 피부의 생리기능 활성화와 제품 흡수도 돕는다. 일반적으로 1차 클렌징으로 메이크업을 제거하고, 2차와 3차 클렌징으로 얼굴과 목의 노폐물을 깨끗이 제거한다. 제품 선택도 중요한데, 예를 들어 클렌징크림은 친유성으로 지성이나 예민한 피부에는 부적합하며 이중 세안이 필요하다. 클렌징 로션은 친수성이므로 건성, 노화 및 민감성 피부에 좋으며 이중 세안은 필요 없다. 클렌징 오일과 클렌징 젤은 각각 건성, 예민 피부와 알레르기나 여드름 피부에 적합하다고 알려져 있다.

또한, 화장수는 피부에 수분을 공급하고, pH를 조절하여 피부를 진정시키며, 화장품의 흡수를 도와준다. 피부 유형에 따라서도 화장수의 종류를 선택해야 한다. 건성이나 노화 피부에는 유연 화장수가 좋고, 지성이나 여드름 피부에는 수렴 화장수가 좋다고 한다.

딥 클렌징은 피부의 불필요한 각질을 제거하고, 밝고 매끈한 피부 표현을 위해 필요한 과정이다. 이 과정은 자외선에 노출되면 안 되며, 흉터나 모세 혈관 확장 피부에는 사용하지 않아야 한다.

마지막으로, 피부 유형별로 적합한 화장품 성분을 알면 더 효과적인 피부 관리가 가능하다. 예를 들어, 건성 피부에는 히아루론산이나 세라마이드와 같은 보습 성분이, 노화 피부에는 비타민E나 레티놀과 같은 노화 방지 성분이 유용하며, 민감성 피부에는 항염 작용을 하는 아줄렌이나 위치하젤, 판테놀이 좋다.

| | | | | | |
|---|---|---|---|---|---|
| ☐ 육안 | ☐ 병행 | ☐ 기록 | ☐ 확장 | ☐ 맞춤형 | ☐ 분비물 |
| ☐ 지속적인 | ☐ 활성화 | ☐ 수시로 | ☐ 항염 | ☐ 진정시키다 | |

## 내용 이해하기

◆ 다음 그림은 피부의 구조입니다. 빈칸에 알맞은 용어를 넣으세요.

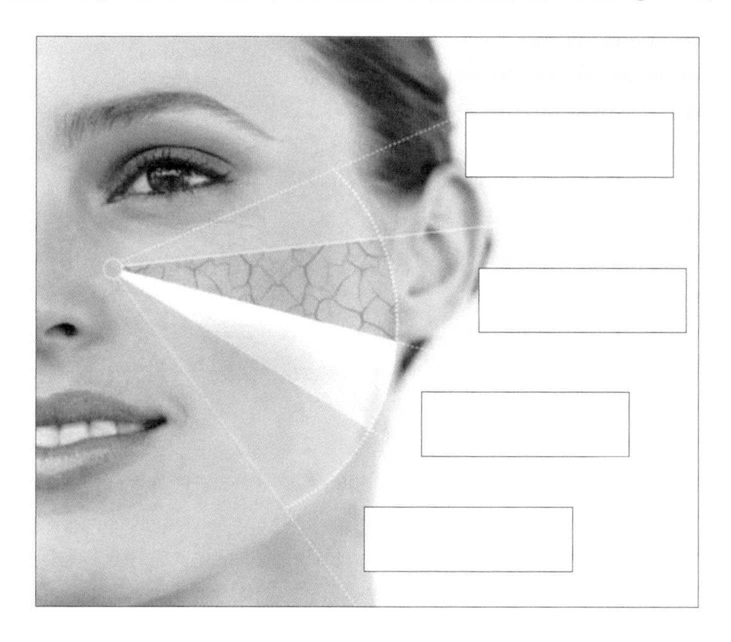

◆ 다음은 피부의 구조과 기능과 관련된 문제입니다. 문제를 읽고 알맞은 답을 고르십시오.

1. 피부를 관리한다고 했을 때, 피부 유형 분석의 시기로 가장 적합한 것을 고르십시오.

① 첫 상담 전 ② 마사지 후 ③ 클렌징 후 ④ 트리트먼트 후

<미용사(피부) 필기 2011년 07월 31일(4회)>

2. 클렌징에 대한 설명으로 가장 거리가 먼 것을 고르십시오.

① 화장품 제품의 흡수를 돕는다.

② 피부에 있는 노폐물과 먼지를 제거한다.

③ 피부의 원활한 생리기능에 도움을 준다.

④ 피부 산성막을 파괴하는 데에 도움을 준다.

<미용사(피부) 필기 2011년 02월 13일(1회)>

3. 화장수의 도포 목적 및 효과로 옳은 것을 고르십시오.

① 항상 피부를 pH 5.5 약산성으로 유지 시킨다.

② 혈액순환을 촉진 시키고 수분 증발을 막아 보습 효과가 있다.

③ 피부 pH 밸런스를 조절해 주며 화장품 흡수를 용이하게 한다.

④ 불필요한 각질세포를 쉽게 박리시키고 세포 형성 촉진을 유도한다.

<미용사(피부) 필기 2011년 04월 17일(2회)>

4. 피부 상담 시 고려해야 할 점으로 가장 거리가 먼 것을 고르십시오.

① 만약을 대비하여 병력 사항을 상담하고 기록해 둔다.

② 제품 판매를 위해 고객이 사용하고 있는 화장품의 종류를 체크한다.

③ 관리 유경험자의 경우 과거 관리 내용에 대해 상담하고 기록해 둔다.

④ 문제성 피부 고객의 경우 병원 치료나 약물 치료의 경험 유무를 확인한다.

<미용사(피부) 필기 2011년 07월 31일(4회)>

5. 클렌징 제품 타입으로 중성과 건성 피부에 적합하며, 사용 후 이중세안을 해야 하는 것을 고르십시오.

① 클렌징 젤 ② 클렌징 로션 ③ 클렌징 워터 ④ 클렌징크림

<미용사(피부) 필기 2011년 10월 09일(5회)>

## 문법 다지기

### ◆ 문법 '-자마자'와 '-는 대로' 비교

<table>
<tr><th>-자마자</th><th>-는 대로</th></tr>
<tr><td colspan="2">앞의 동작이나 상황이 끝나고 뒤의 동작이나 상황이 일어남을 나타낸다.<br>행동이나 동작의 시간적인 간격이 짧음을 나타낸다.</td></tr>
<tr><td>• 우연적인 경우에 사용이 가능하다.<br>(예) 내가 버스에서 내리자마자 비가 온다.(O)<br><br>• 후행절에 '-았-'을 사용할 수 있다.<br>(예) 아이는 천둥소리가 멈추자마자 울음을 그쳤다.(O)<br><br>• '동작이 이루어지고 그 직후 바로'라는 의미만 있다.<br>(예) 틈나자마자 한국어 공부를 할 거예요.(?)<br>엄마께서 사 주시자마자 다 먹다가는 배탈이 나고 말 거예요.(?)</td><td>• 우연한 상황에서 사용할 수 없다.<br>(예) 내가 버스에서 내리는 대로 비가 온다.(X)<br><br>• 후행절에 '-았-'을 사용할 수 없다.<br>(예) 아이는 천둥소리가 멈추는 대로 울음을 그쳤다.(X)<br><br>• '동작이 이루어지는 때마다' 혹은 '동작이 나타나는 하나하나'라는 의미로 쓰이기도 한다.<br>(예) 틈나는 대로 한국어 공부를 할 거예요.(O)<br>엄마께서 사 주시는 대로 다 먹다가는 배탈이 나고 말 거예요.(O)</td></tr>
</table>

### ◆ 두 가지 표현 중 알맞은 답을 고르십시오.

1. 마스크를 ( 쓰는 대로 / 쓰자마자 ) 뾰루지가 생겼다.

2. 친구가 교실에 ( 오는 대로 / 오자마자 ) 자리에 앉았다.

3. 나는 평소에 틈이 ( 나는 대로 / 나자마자 ) 선크림을 바른다.

4. 내가 ( 일어서자마자 / 일어서는 대로 ) 차체가 흔들리고 있다.

5. 나는 건성이라 세안을 ( 마치자마자 / 마치는 대로 ) 로션을 발랐다.

## 표현하기

◆ 다음은 리사가 피부에 문제가 생겨 친구 서영에게 조언을 구하는 대화입니다. 대화를 읽고 연습해 보세요.

리사: 서영아, 요즘 내 피부 상태가 좋지 않은데, 어떡하지? 아무래도 한국의 기후가 고향과 달라서 그런 거 같아.

서영: 그래? 너 혹시 피부 분석을 받아볼 생각은 없어?

리사: 피부 분석? 그게 뭐야?

서영: 피부 상태나 유형을 파악하기 위한 건데, 피부 유형별로 관리 방법이 다르니까, 한 번쯤 받아 보는 게 좋을 거야.

리사: 아, 피부에 따라 관리 방법이 다 다르구나. 그냥 잘 씻으면 되는 줄 알았어. 어쩐지 클렌징이나 화장품도 다양하더라고. 나는 항상 같은 제품만 사용했는데.

서영: 맞아, 클렌징 제품은 피부 유형에 따라 선택해야 해. 예를 들면, 민감성 피부에는 클렌징 로션이 좋고, 여드름 피부에는 클렌징 젤이 좋다고 알려져 있어.

리사: 와, 정말 유용한 정보야. 고마워. 오늘 수업 마치는 대로 클리닉에 가볼게.

## 표현 연습하기

◆ '표현하기'에서 살펴본 대화를 바탕으로 친구에게 피부 고민을 말하고 관리에 대한 조언을 주고받는 대화를 만들어 보세요.

리사:

서영:

리사:

서영:

리사:

서영:

리사:

**피부 유형**

**트러블**

**클렌징 제품**

**화장품**

**피부 관리**

## 지식 넓히기

### ◆ 다음은 피부 유형별 특징과 관리 방법입니다.

1. 중성 피부

특징: 균형 잡힌 유수분 함유.

관리: 유수분 균형을 유지하고 현재 상태를 유지하기 위한 화장품 사용.

2. 건성 피부

특징: 수분 부족, 주름 많음, 작은 모공, 섬세한 피부, 당김 증상.

관리: 유수분을 공급하여 건조함과 잔주름을 개선.

3. 지성 피부

특징: 피지 과다, 여드름과 뾰루지 발생 우려, 큰 모공, 거친 피부.

관리: 모공 수축, 피지분비 조절, 항염 및 정화.

4. 복합성 피부

특징: 두 가지 이상의 피부 유형이 혼합.

관리: 유수분 균형 유지. T존에는 물리적 제품, U존에는 보습 제품 사용.

5. 민감성 피부

특징: 예민하며 화장품의 향, 색소, 방부제 등에 민감.

관리: 피부 안정, 최소 자극, 진정 및 쿨링.

6. 여드름 피부

특징: 피지 과다, 거친 피부, 칙칙함.

관리: 피지 분비 조절, 향균, 소독, 소염, 흉터 및 색소 관리.

### 7. 노화 피부

특징: 혈액순환 저하, 피지 결핍, 자극에 의한 노화.

관리: 유수분 보충, 자극 보호. 자외선 차단제 및 벨벳 마스크 사용.

### 8. 모세 혈관 확장 피부

특징: 기온, 음주, 자외선 등에 의한 모세 혈관 확장 및 약화.

관리: 피부 진정 및 강화. 림프 드레나지 마사지, 필링 억제, 무알콜 제품 사용하여 혈관 약화 및 출혈 방지.

## ◆ 위 내용을 읽고 피부 유형에 맞는 관리 계획을 세워 보세요.

## 쓰기

◆ 여러분이 가지고 있는 피부 유형의 특징과 이에 맞는 관리법을 써 보세요.

# 3. 메이크업의 이해

(1) 메이크업의 정의와 기능

(2) 메이크업 도구와 제품의 종류

# (1) 메이크업의 정의와 기능

- 학습목표: 메이크업에 대한 개념을 이해할 수 있다.
- 학습기능: 메이크업에 대한 개념 파악하기, 메이크업숍에서 상담하기
- 학습어휘: 메이크업의 정의, 메이크업의 기능
- 학습문법: '(으)로', '에'

◆ 메이크업이란 무엇이라고 생각해요?

◆ 사람들이 메이크업을 하는 이유는 무엇일까요?

◆ 과거와 현대의 메이크업 목적은 같을까요?

## 주제 어휘

| | |
|---|---|
| **화장품 (cosmetics)** | 외모를 아름답게 꾸미는 데에 필요한 스킨, 로션, 크림 등을 통틀어 이르는 말. |
| **메이크업 (makeup)** | 화장품이나 도구를 사용하여 외모를 아름답게 꾸미는 행위. |
| **제작하다 (produce)** | 어떤 재료를 사용하여 만들다. |
| **보완하다 (supplement)** | 모자라거나 부족한 것을 보충하여 완전하게 하다. |
| **약점 (personality)** | 모자라거나 부족해서 다른 사람보다 못한 점. |
| **결점 (flaw)** | 잘못되거나 부족해서 완전하지 못한 점. |
| **부각시키다 (etch)** | 특징적으로 두드러지게 나타나게 하다. |
| **능동적 (active)** | 스스로 일으키거나 움직이는 것. |
| **주를 이루다 (to make up the main)** | 중요하거나 기본이 되다. |
| **완화하다 (relieve)** | 병의 증상을 줄어들게 하거나 약해지도록 하다. |

## 메이크업의 정의와 기능

메이크업(Makeup)은 기초화장이 완료된 후 하는 색조 화장이라는 의미로, 사전적인 의미는 '제작하다, 보완하다'로 알려져 있다. 이는 화장품과 그에 맞는 도구를 사용하여 신체의 약점이나 결점은 수정하거나 보완하고 아름다운 부분인 장점을 돋보이도록 하는 행위로 이해할 수 있다.

예로부터 인간은 자신을 보호하고 본능적으로 아름답고 우월해 보이고자 하는 욕구를 지니고 있었다. 메이크업은 이러한 인간의 욕구를 충족시킬 수 있는 하나의 수단으로 이용되었는데, 이는 메이크업의 목적과도 깊은 관련이 있다.

과거의 메이크업은 이성에게 성적인 매력을 표현하고자 하는 본능적 목적, 같은 종족이라는 것을 알려주기 위한 수단으로 사용하는 실용적 목적, 종교적인 의미로 몸단장을 하여 신에게 예를 표하는 신앙적 목적, 신분 및 계급과 혼인 여부를 나타내는 표시의 목적 등으로 이용되었다.

현대에 들어서, 과학의 발달과 학문의 발전으로 메이크업은 개인의 결점을 보완하고 장점을 부각시키는 자기연출을 통한 자기표현의 목적이 주를 이루고 있다. 이는 아름다움을 추구하는 미화 기능을 한다. 또한 외부 환경의 변화로 인간에게 좋지 않은 먼지, 대기오염, 자외선 및 온도 변화로부터 피부를 보호하는 보호 기능을 한다. 과거의 목적과 다르지 않게 자신이 사회에서 하고 있는 역할과 관련된 신분이나 직업, 지위를 표시하고 사회적 관습 및 풍습을 나타내면서 상대방에 대한 사회적 매너를 지키고자 하는 사회 기능도 한다. 이처럼 메이크업은 개인이 자신을 보호하고 표현하기 위한 목적으로 이용되고 있다.

메이크업은 보호와 표현 기능뿐만 아니라 심리 기능을 하기도 한다. 메이크업을 통해 자신의 외모에 자신감을 가지게 되어 심리적으로 능동적이고 적극적인 행동을 이끌어 내며 최근 화장치료법으로 심리적 우울 증상 치료 및 완화에도 긍정적인 역할을 하고 있다.

| | | | | |
|---|---|---|---|---|
| □ 기초화장 | □ 색조 화장 | □ 몸단장 | □ 자기연출 | □ 자기표현 |
| □ 미화 기능 | □ 보호 기능 | □ 사회 기능 | □ 심리 기능 | □ 화장치료법 |

## 내용 이해하기

### ◆ 다음은 메이크업의 정의와 목적에 관련된 문제입니다. 문제를 읽고 알맞은 답을 고르십시오.

1. 다음 중 메이크업의 의미로 알맞은 것을 고르십시오.

   ① 화장품을 사용하기 위한 도구를 만드는 행위이다.

   ② 개인이 가지고 있는 신체의 단점을 보완하고 수정한다.

   ③ 메이크업을 하게 되면서 인간의 본능적 욕구가 나타났다.

   ④ 메이크업은 기초화장을 하기 전에 하는 색조 화장을 말한다.

2. 개인이 사회에서 갖는 신분, 지위, 직업을 표시하고 사회적 관습을 나타내는 메이크업의 기능으로 알맞은 것을 고르십시오.

   ① 보호 기능 ② 미화 기능 ③ 사회 기능 ④ 심리 기능

3. 메이크업의 기능 중 '보호 기능'에 대한 설명으로 알맞은 것을 고르십시오.

   ① 외부 환경으로부터 피부를 보호한다.

   ② 자기 연출을 통해 아름다움을 표현한다.

   ③ 상대방에 대한 사회적 매너를 지키고자 한다.

   ④ 심리적으로 능동적이고 적극적인 행동을 이끈다.

4. 과거의 메이크업을 통해 알 수 있는 것이 아닌 것을 고르십시오.

   ① 종족 ② 신분 ③ 건강 ④ 혼인 여부

5. 이 글의 내용과 다른 것을 고르십시오.

   ① 메이크업은 아름다운 부분을 돋보이게 할 수 있다.

   ② 메이크업은 인간의 본능적인 욕구를 충족시킬 수 있는 수단이다.

   ③ 메이크업은 자신을 보호하고 표현하기 위한 목적으로 이용되고 있다.

   ④ 메이크업은 환자의 정신적 질환을 사라지게 하는 치료제 역할을 한다.

# 문법 다지기

## ◆ 문법 '(으)로'와 '에' 비교

| (으)로 | 에 |
|---|---|
| 도구나 수단, 방법을 나타낸다. | |
| • 계획을 가지고 도구를 사용한 것을 나타낸다. | • 도구 때문에 예상하지 못한 일이 일어났을 때 사용한다. |
| (예) 생선을 불**로** 익혀 먹었다.<br>종이를 칼**로** 잘랐다.<br>열쇠**로** 문을 열었다. | (예) 생선을 불**에** 익혀 먹었다.<br>돌**에** 걸려 넘어졌다.<br>안경**에** 눈을 찔렸다. |
| (예) 돌**로** 걸려 넘어졌다. (X)<br>안경**으로** 눈을 찔렸다. (X) | (예) 종이를 칼**에** 잘랐다. (X)<br>열쇠**에** 문을 열었다. (X) |

## ◆ 두 가지 표현 중 알맞은 답을 고르십시오.

1. 기초화장을 할 때 ( 토너로 / 토너에 ) 피부에 수분을 채울 수 있다.

2. 손이 미끄러져서 ( 눈썹칼로 / 눈썹칼에 ) 손을 베었다.

3. 화장을 지우다가 ( 면봉으로 / 면봉에 ) 눈을 찔렸다.

4. ( 색조 화장으로 / 색조 화장에 ) 얼굴을 아름답게 꾸밀 수 있다.

5. ( 화장치료법으로 / 화장치료법에 ) 우울 증상을 완화시킨다.

## 표현하기

◆ **다음은 메이크업숍에서 직원과 손님이 나누는 대화입니다. 대화를 읽고 연습해 보세요.**

직원: 어서 오세요. 예약하셨나요?

손님: 네, 전화로 예약했어요.

직원: 확인해 드릴게요. 성함이 어떻게 되세요?

손님: 김서경이요.

직원: 네, 어떤 스타일의 메이크업을 원하세요?

손님: 제 피부가 좀 약한 편이어서 햇볕에 피부가 빨개져요. 피부 보호를 하면서 제 얼굴의 장점을 돋보이게 할 수 있을까요?

직원: 네, 그럼요. 기초화장품으로 자외선 차단을 하고 손님 얼굴의 장점을 부각시킬 수 있어요. 그런데 지금 눈 옆에 흉터가 있네요.

손님: 네, 예전에 다쳐서 생겼어요.

직원: 다행히 크지 않네요. 결점은 메이크업으로 보완할 수 있으니까 걱정마세요.

손님: 네, 그럼 부탁드릴게요.

## 표현 연습하기

◆ '표현하기'에서 살펴본 대화를 바탕으로 메이크업숍에서 피부의 단점을 보완할 수 있는 메이크업을 요청하는 대화문을 작성해 보세요.

| | |
|---|---|
| 직원: | |
| 손님: | 피부가 예민하다 |
| 직원: | 자극 |
| 손님: | 트러블이 생기다 |
| 직원: | 주근깨 |
| 손님: | 메이크업으로 가리다 |
| 직원: | |
| 손님: | |
| 직원: | |
| 손님: | |

## 지식 넓히기

◆ 메이크업 전에 필요한 기초화장을 위한 제품에 대해 알아봅시다.

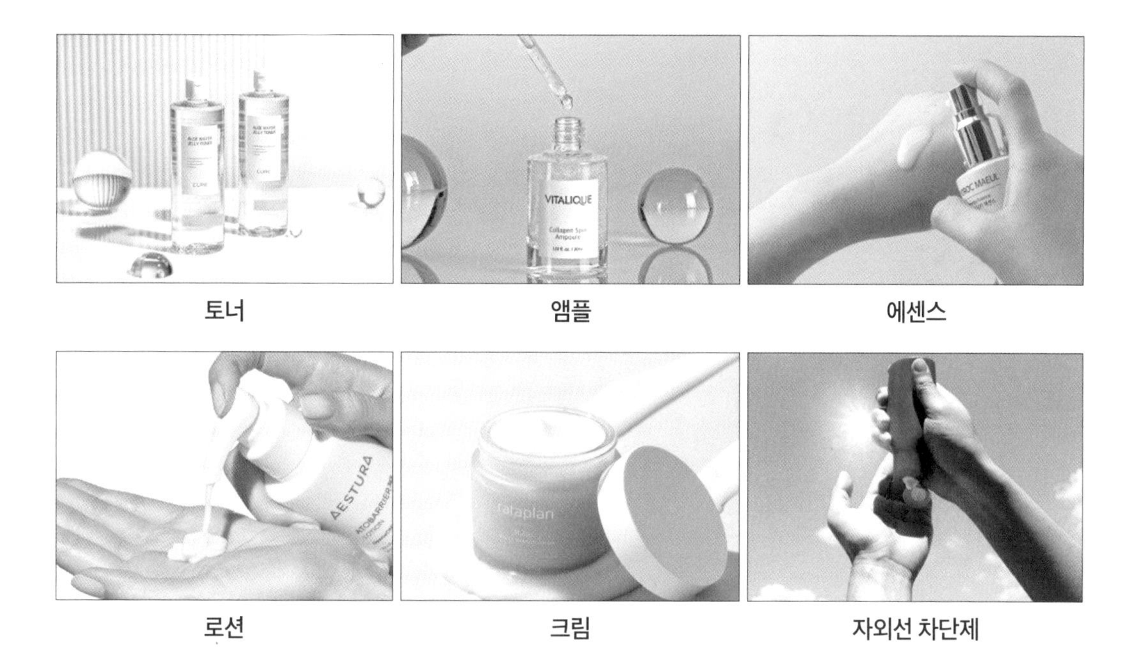


토너 앰플 에센스

로션 크림 자외선 차단제

◆ 평소에 사용하고 있는 화장품은 무엇입니까?

◆ 메이크업을 하기 전 기초화장의 순서가 어떻게 됩니까?

◆ 각 화장품의 기능에 대해 조사해 봅시다.

## 쓰기

◆ 이 과에서 배운 내용을 참고하여 메이크업의 기능과 목적에 대해 써 보세요.

# (2) 메이크업 도구와 제품의 종류

- 학습목표: 메이크업 도구와 제품의 종류에 대해 이해할 수 있다.
- 학습기능: 메이크업 도구와 제품 파악하기, 메이크업 도구와 제품의 사용법 이해하기
- 학습어휘: 메이크업 도구, 메이크업 제품의 종류
- 학습문법: '-(으)ㄴ/는 데에 비해', '-(으)ㄴ/는 데에 반해'

◆ 메이크업 제품은 어떤 기능을 할까요?

◆ 메이크업 제품의 종류에는 어떤 것들이 있을까요?

◆ 메이크업 제품을 사용할 때 필요한 도구에는 무엇이 있을까요?

## 주제 어휘

| | |
|---|---|
| 바르다 (spread) | 약(연고), 화장품 등을 피부에 묻히다. |
| 부위 (part, region) | 신체 중 어떤 부분이 차지하는 위치. |
| 제거하다 (eliminate) | 없어지게 하다. |
| 번들거리다 (Be oily) | 아주 매끄럽게 윤기가 나다. |
| 윤곽 (outline) | 사물, (사람의) 얼굴의 테두리나 모습. |
| 음영 (shade) | 어두운 색을 사용하여 나타내는 입체감. |
| 지속 (maintenance) | 어떤 상태가 오래 계속됨. |
| 혈색 (glow) | 얼굴에 나타나는 피의 빛깔. |
| 부여하다 (give) | 무엇을 줘서 가지게 하다. |
| 풍성하다 (plenty) | 넉넉하고 많다. |

## 메이크업 도구와 제품의 종류

메이크업을 시작할 때 메이크업 베이스와 파운데이션을 바른다. 이때 사용하는 스펀지는 제품이 뭉치지 않도록 고르게 펴주는 역할을 한다. 파우더를 눌러 바를 때는 퍼프를 사용한다. 스파츌라는 제품을 필요한 만큼 덜어서 사용하거나 베이스의 색상을 섞을 때 사용할 수 있다.

브러시는 기초 메이크업과 색조 메이크업에도 사용하는 주요 도구로, 부위별로 사용하는 제품과 방법에 따라 다르게 사용된다. 베이스나 파운데이션을 펴 바를 때 사용하는 파운데이션 브러시, 파우더를 바르거나 번들거리는 유분기를 제거할 때 사용하는 파우더 브러시, 눈 밑의 남은 파우더를 제거하는 팬 브러시, 눈 밑 다크 서클이나 점, 여드름 등과 같은 결점 커버에 사용되는 컨실러 브러시가 있다.

색조 메이크업을 할 때는, 얼굴 윤곽에 음영을 줄 때 사용하는 치크 브러시, 눈썹을 자연스럽게 그릴 때 사용하는 아이브로 브러시를 사용한다. 눈화장을 할 때는 아이섀도 베이스 브러시, 아이섀도 포인트 브러시, 아이라이너 브러시, 스크루 브러시, 아이브로우 콤 브러시, 팁 브러시 등을 사용한다. 또한 입술 선을 그릴 때와 립 색상을 바를 때 사용하는 립 브러시, 코 옆 선과 헤어 라인, 턱 부분에 음영을 줄 때 사용하는 섀딩 브러시 등이 있다.

메이크업 제품 중 피부를 표현할 때 사용되는 제품에는 메이크업 베이스, 컨실러, 파운데이션, 파우더가 있다. 메이크업 베이스는 피부 결과 피부 톤을 정리하며 파운데이션의 지속력을 높여준다. 컨실러는 피부의 결점을 커버하며 부분적으로 수정할 때 사용된다. 파운데이션은 피부 결과 피부 톤을 조절하고 결점을 커버하고 색조 화장을 돋보이게 한다. 파우더는 번들거림을 없애고 파우더를 사용하지 않는 메이크업에 비해 좀 더 지속력이 강하다는 특징이 있다.

눈 메이크업에 사용되는 제품으로, 눈썹의 형태나 모양을 그리는 아이브로우, 눈썹의 결을 자연스럽게 표현하는 아이브로우 마스카라, 눈에 음영을 주어 입체감을 표현하는 아이섀도, 눈매를 선명하고 또렷하게 연출하는 아이라이너, 속눈썹을 풍성하게 표현하는 마스카라 등이 있다.

볼 메이크업을 할 때는 블러셔를 사용하여 얼굴에 혈색을 부여할 수 있고 입술 메이크업을 할 때는 립스틱과 립 글로즈, 립 펜슬, 립 틴트, 립 밤 등을 사용하여 입술의 색상 표현을 통해 이미지 변화를 가능하게 한다.

□ 메이크업베이스/파운데이션/컨실러/파우더 □ 스파츌라 □ 브러시 □ 아이브로우

□ 아이섀도 □ 아이라이너 □ 마스카라 □ 블러셔 □ 립스틱/립글로즈/립 펜슬/립 틴트/립 밤

## 내용 이해하기

◆ 다음은 메이크업 도구와 제품의 종류와 관련된 문제입니다. 문제를 읽고 알맞은 답을 고르십시오.

1. 피부를 표현하는 기초 메이크업을 할 때 쓰는 제품을 고르십시오.

① 컨실러 ② 아이섀도 ③ 마스카라 ④ 립 글로즈

2. 메이크업 베이스 사용에 대한 설명으로 알맞은 것을 고르십시오.

① 피부의 결점을 수정한다.

② 피부의 번들거림을 없애준다.

③ 메이크업의 지속력을 높여준다.

④ 피부 화장을 부분적으로 커버한다.

3. 눈 메이크업 제품에 대한 설명으로 틀린 것을 고르십시오.

① 아이브로우로 눈썹의 형태나 모양을 그린다.

② 아이섀도는 눈썹의 결을 자연스럽게 표현한다.

③ 아이라이너는 눈매를 선명하고 또렷하게 연출한다.

④ 속눈썹을 풍성하게 표현하려면 마스카라를 사용해야 한다.

4. 메이크업 도구의 기능에 대한 설명으로 틀린 것을 고르십시오.

① 파우더를 눌러 바를 때는 퍼프를 사용한다.

② 스펀지는 제품이 뭉치지 않도록 고르게 펴준다.

③ 팬 브러시는 피부의 유분기를 제거할 때 사용한다.

④ 스파츌라는 베이스의 색상을 섞을 때 사용할 수 있다.

5. 색조 메이크업 제품으로 알맞은 것을 모두 고르십시오.

① 파우더 ② 블러셔 ③ 파운데이션 ④ 립 글로즈

## 문법 다지기

### ◆ 문법 '-(으)/ㄴ/는 데에 비해'와 '-(으)/ㄴ/는 데에 반해' 비교

| -(으)/ㄴ/는 데에 비해 | -(으)/ㄴ/는 데에 반해 |
|---|---|
| 앞의 내용과 뒤의 내용을 비교할 때 쓰는 표현 | |
| • 앞의 내용을 기준으로 뒤의 내용이 어떻다는 것을 표현한다.<br>(예) 공부를 열심히 하는 **데에 비해** 성적이 좋지 않다.<br>도시는 집값이 오르는 **데에 비해** 지방은 집값이 떨어지고 있다. (O)<br>친구는 많이 먹는 **데에 비해** 살이 찌지 않는 편이다. (O) | • 앞의 내용과 뒤의 내용이 반대가 되거나 대조되는 것을 표현한다.<br>(예) 공부를 열심히 하는 **데에 반해** 성적이 좋지 않다.<br>도시는 집값이 오르는 **데에 반해** 지방은 집값이 떨어지고 있다. (O)<br>친구는 많이 먹는 **데에 반해** 살이 찌지 않는 편이다. (X) |

### ◆ 두 가지 표현 중 알맞은 답을 고르십시오.

1. 파운데이션은 유분이 ( 포함된 데에 비해 / 포함된 데에 반해 ) 파우더는 유분기가 없다.

2. 파우더 타입의 아이섀도는 발색력이 ( 떨어지는 데에 비해 / 떨어지는 데에 반해 ) 일반적으로 많이 사용되는 제품이다.

3. 리퀴드 타입의 아이라이너는 지속력이 높다는 ( 장점이 있는 데에 비해 / 장점이 있는 데에 반해 ) 수정이 어렵다는 단점이 있다.

4. 우리 언니는 ( 키에 비해 / 키에 반해 ) 손발은 크지 않다.

5. 내 친구는 얼굴 ( 크기에 비해 / 크기에 반해 ) 코가 큰 편이다.

## 표현하기

◆ 다음은 화장품 가게에서 직원과 손님이 나누는 대화입니다. 대화를 읽고 연습해 보세요.

직원: 찾으시는 제품이 있으세요?

손님: 네, 아이섀도와 아이라이너를 사려고요.

직원: 여기에 제품이 준비되어 있습니다.

손님: 어떤 것이 좋아요?

직원: 보통 파우더 타입의 아이섀도를 많이 사용하세요. 크림 타입도 있는데 파우더 타입에 비해 유분이 많아서 얼룩지기 쉬워요.

손님: 그런 특징이 있군요.

직원: 네, 아이라이너는 펜슬 타입은 지속력이 떨어지고 번짐이 있는 데에 반해 리퀴드 타입은 지속력이 뛰어나요.

손님: 그럼 이 제품과 그 제품 하나씩 주세요.

직원: 네, 아이섀도 브러시는 안 필요하세요?

손님: 네, 쓰던 것이 있어요. 계산해 주세요.

## 표현 연습하기

◆ '표현하기'에서 살펴본 대화를 바탕으로 화장품 가게에서 제품을 비교하며 소개하는 대화문을 작성해 보세요.

| | |
|---|---|
| 직원:<br><br>손님:<br><br>직원:<br><br>손님:<br><br>직원:<br><br>손님:<br><br>직원:<br><br>손님:<br><br>직원:<br><br>손님: | **리퀴드 타입과 크림 타입의 파운데이션**<br><br>**섀도 타입과 펜슬 타입의 아이브로우**<br><br>**파운데이션 브러시** |

## 지식 넓히기

### ◆ 메이크업에 필요한 색채 조화에 대해 알아봅시다.

무채색 유채색

먼셀의 색상환(20색)

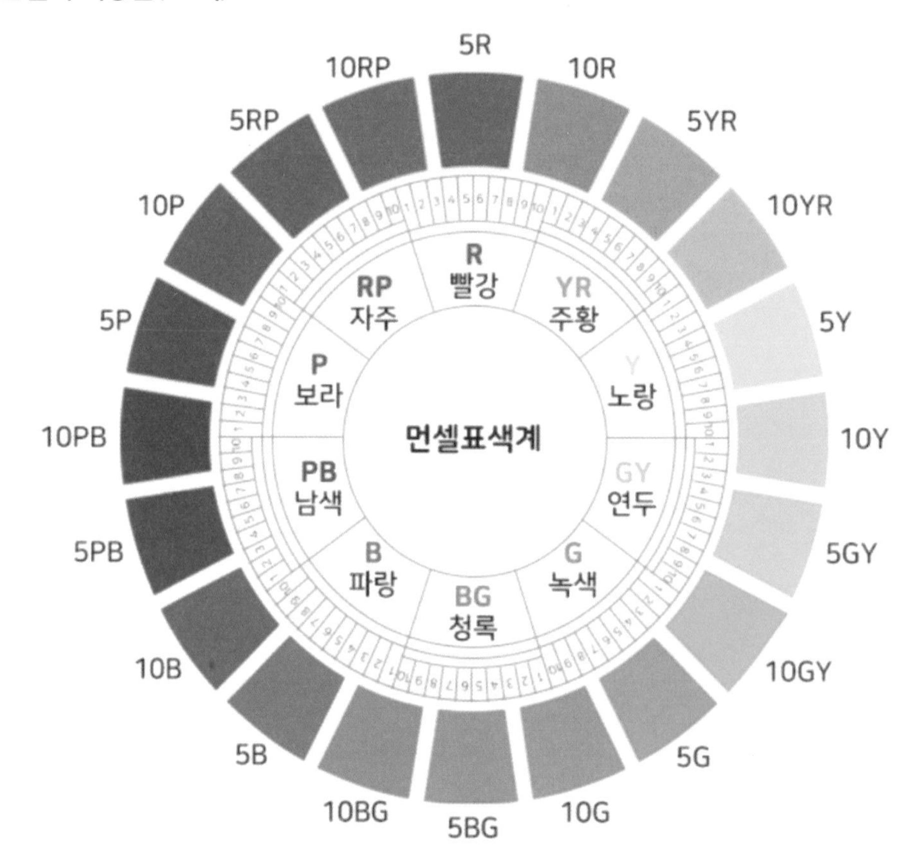

## 쓰기

◆ 이 과에서 배운 내용을 참고하여 메이크업을 할 때 단점을 보완할 수 있는 방법에 대해 써 보세요.

# 4. 네일 아트의 이해

(1) 손톱과 발톱의 특성과 역할

(2) 네일 아트 재료와 도구

# (1) 손톱과 발톱의 특성과 역할

- 학습목표: 조갑(손톱, 발톱)의 특성과 기능을 이해할 수 있다.
- 학습기능: 조갑의 구조와 특성 파악하기, 네일숍에서 관리 받기
- 학습어휘: 조갑의 구조, 조갑의 기능
- 학습문법: '마저', '까지'

◆ 손톱의 기능은 무엇일까요?

◆ 네일 아트는 언제 처음 시작되었을까요?

◆ 어떤 계절에 손톱이 가장 빨리 자랄까요?

## 주제 어휘

|  |  |
| --- | --- |
| **조갑 (Nail plate)** | 손톱과 발톱을 모두 합하여 부르는 말. |
| **조근 (Nail root)** | 손톱의 뿌리로 손톱 세포 생성하는 부분. |
| **조모 (Nail matrix)** | 조근 밑에 위치하며 손톱의 세포 생성을 조절하고 혈관, 신경, 림프관이 분포. |
| **조상 (Nail bed)** | 조판을 받쳐주는 부분으로 모세 혈관과 지각 신경 조직 분포. |
| **조체 (Nail body)** | 손톱 전체를 말하며 조판이라고 부르기도 하며 조상을 보호하는 역할. |
| **자유연 (Free Edge)** | 손톱의 끝부분이며 손톱에서 피부 밖으로 나온 부분. |
| **각질 (Keratin)** | 피부 가장 바깥층의 표피층을 나타내며 늙은 세포가 죽어 떨어져 나가는 과정에서 생기는 이물질. |
| **표피 (Tegument)** | 동물이나 식물체의 표면을 덮는 세포층, 겉껍질. |
| **림프 (Lymph)** | 림프계를 따라 흐르는 액체. |
| **모세 혈관 (Capillary)** | 소동맥과 소정맥을 연결하는 그물 모양의 얇은 혈관으로 혈액과 조직 사이의 물질을 교환하는 역할. |

# 손톱과 발톱의 특성과 역할

손톱은 피부의 부속 기관으로 피부와는 다른 특성을 가지고 있다. 신경, 혈관, 털이 없으며 각질로 된 반투명의 판으로 이루어져 있다. 손톱과 발톱은 조갑이라고도 불리며 케라틴(Keratin) 단백질로 구성되어 있다. 케라틴은 피부의 각질층이 변형되면서 생성되는데, 이러한 단백질 성분이 아주 얇은 여러 겹의 표피로 겹겹이 쌓여 손톱을 형성한다. 손톱에는 약 12~18%의 아미노산과 시스테인이 다량 포함되어 있고 수분을 함유하고 있다.

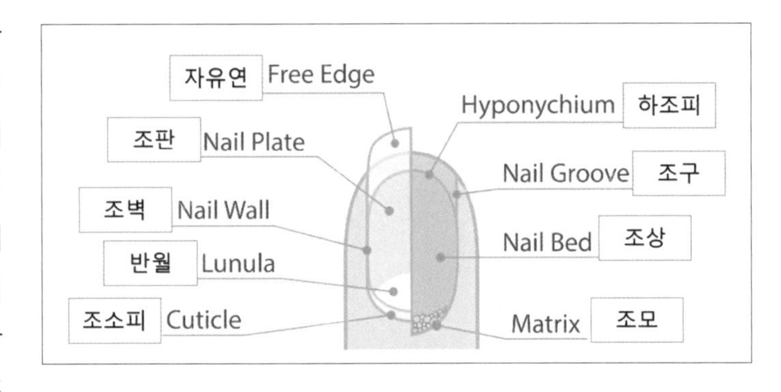


손톱은 조모(Nail matrix)라고 하는 뿌리 부분에서 생성된 세포가 오래되고 딱딱해진 세포들을 밀어내는 과정을 거쳐 만들어진다. 조모는 조근 밑에 위치하여 모세 혈관으로부터 산소를 공급받아 손톱을 성장시킨다. 조모는 림프와 신경 조직이 통하는 곳이기 때문에 손상을 입게 되면 손톱 성장의 불균형을 초래할 수도 있다.

손톱은 크게 조근(Nail root), 조체(Nail body), 자유연(Free edge)로 나뉜다. 조근은 손톱 바닥이 피부 속으로 깊게 들어간 부위로 손톱의 세포가 생성되는 곳이다. 조체는 손톱의 전체적인 판 부분을 의미하며 조판(Nail plate)이라고 부르기도 한다. 조체의 아랫부분은 연하고 윗부분은 강하며 아미노산(Amino acid)과 시스테인(Cysteine) 성분 등으로 구성되어 있다. 자유연은 손톱의 끝부분이며 조상과 붙어 있지 않기 때문에 다듬거나 잘라서 관리해야 한다.

개인마다 차이가 있지만 손톱은 한 달 평균 3~5mm씩 자란다. 성장 속도는 여러 요인에 따라 달라지는데 밤보다 낮에 더 잘 자라고 겨울보다는 여름에 더 빨리 자란다. 또한 나이가 어릴수록 성장 활동이 활발하여 손톱의 성장 속도가 빠르며 나이가 들면서 점차 성장이 둔화한다. 나이와는 관계없이 임신한 경우에는 호르몬의 변화로 손톱이 빨리 자란다.

손톱의 가장 중요한 역할 중 하나는 손을 보호하는 것이다. 외부에서의 충격이나 손상을 당할 경우에 손을 보호하고 위험으로부터 손을 방어한다. 또한 물건을 들어 올리고 집을 때나 성상을 구별할 때도 필수적인 역할을 한다. 그러므로 손톱은 없어서는 안 될 필수적인 신체 기관이다.

| | | | | |
|---|---|---|---|---|
| □ 성분 | □ 생성 | □ 손상 | □ 구성되다 | □ 성장하다 |
| □ 초래하다 | □ 둔화되다 | □ 충격 | □ 방어하다 | |

# 내용 이해하기

◆ 다음 그림은 손톱의 구조입니다. 빈칸에 알맞은 용어를 넣으세요.

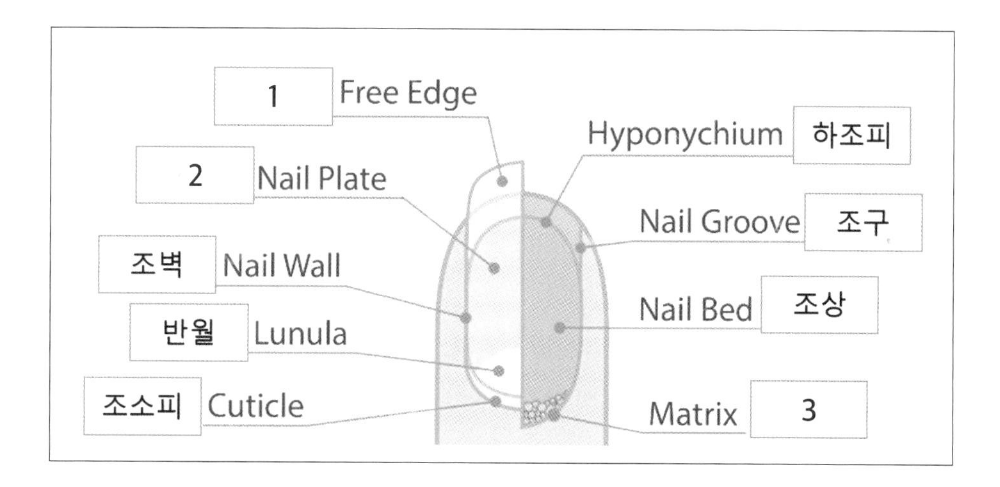


1. ______________________

2. ______________________

3. ______________________

◆ 다음은 손톱의 특성과 역할과 관련된 문제입니다. 문제를 읽고 알맞은 답을 고르십시오.

1. 조모에 대한 설명으로 옳은 것은 무엇입니까?

① 조체를 받쳐주는 역할을 한다.

② 손톱이 없어지기 시작하는 곳이다.

③ 손톱 바닥을 보호하는 기능을 한다.

④ 모세 혈관으로부터 산소 공급을 받는다.

2. 손톱의 구조 중 조근에 대한 설명으로 가장 적합한 것은 무엇입니까?

① 손톱 모양을 만든다.

② 연분홍의 반달 모양이다.

③ 손톱의 수분 공급을 담당한다.

④ 손톱이 자라기 시작하는 곳이다.

<미용사(네일) 필기 2015년 10월 10일>

3. 손톱의 성장에 대한 설명 중 맞지 않는 것은 무엇입니까?

① 겨울보다 여름이 빨리 자란다.

② 연령이 젊을수록 손톱이 더 빨리 자란다.

③ 피부 유형 중 지성 피부의 손톱이 더 빨리 자란다.

④ 임신 중에는 호르몬의 변화로 손톱이 빨리 자란다.

<미용사(피부) 필기 2016년 04월 02일>

4. 손톱의 특성에 대한 설명으로 가장 거리가 먼 것은 무엇입니까?

① 조상은 혈관에서 산소를 공급받는다.

② 조체는 약 5% 정도의 수분을 함유하고 있다.

③ 손톱은 아미노산과 시스테인이 많이 함유되어 있다.

④ 신경, 혈관, 털이 없는 피부의 부속물이며 반투명의 판이다.

<미용사(피부) 필기 2016년 04월 02일>

5. 손톱의 주요한 기능 및 역할과 가장 거리가 먼 것은 무엇입니까?

① 손에서 발생하는 노폐물을 분비하는 기능이 있다.

② 외부에서 발생하는 손상으로부터 손끝을 보호한다.

③ 위험한 상황에서 손으로 방어할 때 손톱이 필요하다.

④ 물건을 잡거나 긁을 때 또는 성상을 구별하는 기능이 있다.

<2016년 정시 제 2회 네일 필기시험>

# 문법 다지기

## ◆ 문법 '마저'와 '까지' 비교

| 마저 | 까지 |
|---|---|
| 어떤 상황이 발생했는데 다른 상황이 거기에 포함되는 것을 나타낸다. | |
| • 다른 상황이 기존 상황에 포함되는 것을 나타내기도 하고 어떤 것이 마지막으로 하나 남았다는 것을 표현하기도 한다.<br>(예) 냉장고에 남아있던 생수 한 병**마저** 다 마셔 버렸다. (O) | • 다른 상황이 기존 상황에 포함되는 것을 나타낸다.<br>(예) 냉장고에 남아있던 모든 빵과  우유**까지** 다 마셔 버렸다. (O) |
| • 부정적인 상황에서만 사용하는 문법이다.<br>(예) 수지는 춤을 잘 추는데 노래**마저** 잘하네. (X) | • 긍정적, 부정적인 상황에 모두 사용한다.<br>(예) 수지는 춤을 잘 추는데 노래**까지** 잘하네. (O) |

## ◆ 두 가지 표현 중 알맞은 답을 고르십시오.

1. 피부에 트러블이 생기고 ( 손톱마저 / 손톱까지 ) 갈라졌다.

2. 컬러에 ( 디자인마저 / 디자인까지 ) 시술하면 10만 원 듭니다.

3. 안 좋은 일이 있는데 ( 날씨마저 / 날씨까지 ) 흐리고 비가 오네요.

4. 별로 안 친한 ( 동료마저 / 동료까지 ) 모두 내 생일을 축하해 줬다.

5. 오늘 헤어스타일도 예쁘고 ( 네일마저 / 네일까지 ) 다 잘 어울려요.

## 표현하기

◆ 다음은 네일숍에서 직원과 손님이 나누는 대화입니다. 대화를 읽고 연습해 보세요.

손님: 안녕하세요.

직원: 오셨어요? 오랜만에 오셨네요.

손님: 네, 요즘 바빠서 네일 하러 올 시간이 없었어요.

직원: 아, 그러셨구나. 한동안 안 오셔서 많이 바쁘신가 보다 생각했어요. 손 한 번 볼까요? 오늘은 어떻게 해 드릴까요?

손님: 손톱이 많이 상해서 젤 네일은 못 할 것 같고 매니큐어로 발라 주세요.

직원: 손톱이 많이 상하긴 했네요.

손님: 그렇지요? 계속 네일을 하다 보니까 손톱이 많이 상하긴 하더라고요.

직원: 그럼 네일 아트하기 전에 손톱 상태를 보고 케어부터 해 드릴게요.

손님: 네, 그렇게 해 주세요.

직원: 일단 수분을 공급해 주고 윤기가 나게 해 주는 영양제를 발라 드릴게요.

손님: 네, 이건 손톱에 바르면 되는 건가요?

직원: 네, 이렇게 발라서 흡수해서 손톱을 보호해 주는 역할을 해요.

## 표현 연습하기

◆ '표현하기'에서 살펴본 대화를 바탕으로 네일숍에서 손님의 손톱 상태를 확인하고 시술에 필요한 안내를 하는 대화문을 작성해 보세요.

손님:

직원:

손님:

직원:

손님:

직원:

손님:

직원:

손님:

직원:

**손상**

**영양**

**흡수**

**수분**

**케라틴**

## 지식 넓히기

**◆ 네일 아트 전문가는 손톱 위에 아트를 그리는 기술도 중요하지만 손톱을 보고 손톱의 상태를 정확하게 파악하는 것도 중요하다. 왜냐하면 시술이 불가능한 손톱 상태도 있기 때문이다. 다음은 시술이 불가능한 손톱 질환이다.**

- **네일몰드(Nail mold)**: 손톱의 색이 황록색에서 검은색으로 변하는 증상이며 인조 손톱과 자연 손톱 사이에 생긴 습기로 인해 발생하는 진균염이다.
- **오니키아(Onychia)**: 손톱 밑의 살이 붉어지거나 고름이 생기는 증상으로 주로 위생처리가 제대로 되지 않은 네일 도구를 사용하지 않았을 때 발생한다.
- **오니코포시스(Onychophosis)**: 조갑탈락증이라고 하며 네일 밑 부분의 피부층이 두꺼워지면서 손톱 바닥에서 손톱이 일어나는 증상이다.
- **오니코리시스(Onycholysis)**: 처음에는 자유연 부분에서 발생하여 점차적으로 반월 부분까지 번지는 질환으로 감염, 약물 치료, 내과 질환으로 인해 생기는 질환이다.
- **오니코마이코시스(Onychomycosis)**: 손톱이나 발톱에 무좀을 일으키는 곰팡이가 침입하여 발생하는 질환으로 손발톱이 두꺼워지고 하얗게 되며 잘 부스러지는 증상이 생긴다.
- **오니코그라이포시스(Onychogryphosis)**: 손톱이 두꺼워지거나 구부러지는 것을 나타내며 손가락, 발가락으로 손톱이 확장되기도 한다. 손톱이 피부 속으로 파고들게 되면 통증을 동반하며 염증을 일으킬 수도 있는 질환이다.
- **파이로제닉 그래뉴로마(Pyogenic granuloma)**: 화농성 육아종이라고 불리고 염증 심하게 진행된 상태로 손톱 주위의 붉은 살이 자라는 질환이다.
- **파로니키아(Paronychia)**: 손톱(발톱)주위염 또는 조갑주위염이라고 불리며 염증이 손톱 주위에 발생하는 증상이다. 주로 박테리아균에 의해 염증이 발생하며 심한 통증을 동반한다.

## 쓰기

◆ 조갑(손톱과 발톱)의 특성과 역할을 설명하는 글을 써 보세요.

# (2) 네일 아트 재료와 도구

- 학습목표: 네일 아트의 재료와 도구 용어를 파악하고 사용 시 주의할 점을 이해한다.
- 학습기능: 네일 아트 재료와 도구의 종류 파악하기, 네일숍에서 상담하기
- 학습어휘: 네일 아트 재료와 도구
- 학습문법: '-았/었다가', '-다가'

◆ 매니큐어에도 유통기한이 있을까요?

◆ 최초의 네일숍은 어느 나라에서 열렸을까요?

◆ 한국에 네일 아트를 처음 알린 스포츠 스타는 누구일까요?

## 주제 어휘

| | |
|---|---|
| 네일 폴리시 (Nail polish) | 네일 아트에서 손톱이나 발톱에 발라 색을 더하거나 윤기가 나게 하는 용품. |
| 베이스 코트 (Base coat) | 손톱을 강화하며 네일 컬러의 착색을 막고 발색을 도와주는 폴리시. |
| 톱 코트 (Top coat) | 네일 아트의 마지막 단계에 사용하는 폴리시이며 광택을 주고 컬러는 보호하는 역할. |
| 큐티클 오일 (Cuticle oil) | 큐티클에 영양과 수분을 공급하고 큐티클을 부드럽게 만드는 오일. |
| 푸셔 (Pusher) | 손톱 표면 위에 붙어 있는 큐티클을 밀어 올릴 때 사용하는 도구. |
| 니퍼 (Nipper) | 큐티클을 제거할 때 사용하는 끝이 날카롭고 작은 가위. |
| 네일 파일 (Nail file) | 손톱 모양을 다듬거나 손톱 끝을 부드럽게 할 때 사용하는 도구. |
| 네일 버퍼 (Nail buffer) | 손톱 표면을 매끄럽게 정리할 때 사용하는 도구. |
| 도트스틱 (Dot Stick) | 도트 문양을 찍거나 다른 컬러를 섞어서 마블을 만드는 도구. |
| 데코 파츠 (Decoration parts) | 꽃, 리본, 동물 등 입체감 있는 네일 아트 재료. |
| 우드스틱 (Wood stick) | 오렌지 나무로 만든 막대로 큐티클 라인을 깨끗이 만들거나 네일 아트 장식 재료를 집을 때 사용하는 도구. |
| 핀셋 (Tweezer) | 작은 장식을 집어서 손톱 위에 올릴 때 사용하는 도구. |

## 네일 아트 재료와 도구

아름다운 네일 아트를 하기 위해서 다양한 재료와 도구를 자유자재로 사용할 수 있어야 한다. 네일 아트에 필요한 재료와 도구 사용 방법을 미리 익혀 두어야 하며 도구를 안전하게 관리하는 방법을 숙지하는 것이 중요하다.

네일 아트 시술에 사용되는 가장 기본적인 재료로는 네일 폴리시(Nail polish)가 있다. 흔히 매니큐어(Manicure) 또는 에나멜(Enamel)이라고 부르는데 손톱이나 발톱의 광택이나 색채를 더하기 위해 손톱에 칠하는 에나멜 모양의 액체를 뜻한다. 손톱의 상태에 따라 다양한 폴리시를 사용하여 손톱을 보강하기도 하는데 손톱을 강화하고 컬러의 착색을 막아주며 발색을 더 잘 시키기 위한 베이스 코트(Base coat), 손톱을 매끄럽게 만들기 위한 빈틈 충전제, 광택을 주고 컬러를 오래 보호해 주는 톱 코트(Top coat) 등을 사용한다.

손톱이 아무리 건강하더라도 손톱 주변의 피부가 건조한 상태이거나 손거스러미가 많으면 네일 아트를 진행하는 것이 어려울 수 있다. 큐티클 오일(Cuticle oil)은 손톱 주변의 건조한 피부를 촉촉하게 하고 큐티클이라고 불리는 각질을 원활하게 제거할 수 있게 만든다. 큐티클 라인을 정리할 때 사용하는 도구는 푸셔(Pusher)와 니퍼(Nipper)인데 푸셔는 큐티클 라인을 밀어 올려 정리하는 도구이며 니퍼는 큐티클을 제거할 때 사용하는 날카롭고 작은 가위이다. 푸셔의 경우 연필을 쥐듯이 잡아 사용하고 니퍼는 네일 도구 중 감염성이 가장 높기 때문에 위생적으로 관리해야 한다.

또한 컬러링이 진행되기 전 네일 파일(Nail file), 네일 버퍼(Nail buffer) 등을 사용해 손톱 모양 및 표면을 정리해야 한다. 네일 파일은 손톱 길이를 다듬을 때 사용하는 도구이며 손톱의 모양을 만들 때 사용한다. 네일 버퍼는 울퉁불퉁한 손톱 표면을 쓸어 매끄럽게 만드는 역할을 한다. 네일 파일은 살균이 불가능하기 때문에 사용 후 반드시 폐기 처리해야 한다. 버퍼는 블록 타입과 보드 타입이 있으며 다듬는 면의 입자를 선택하여 사용할 수 있다. 손톱 표면과 모양 관리가 끝난 후 네일 컬러링이 진행되고 베이스 컬러링이 끝나면 고객의 요구에 맞게 다양한 디자인을 구현해야 하는데 붓을 사용하여 그리거나 장식을 붙이기도 한다. 붓은 아주 가는 선도 그릴 수 있는 세필 붓을 사용한다. 도트 문양을 찍을 때는 도트스틱(Dot Stick)을 사용하면 균일한 모양의 원을 만들 수 있다. 반짝이는 효과를 주는 스톤(Stone)이나 꽃, 리본 등의 입체감 있는 데코 파츠(Decoration parts)를 올려 디자인을 할 때는 우드 스틱(Wood stick)과 핀셋(Tweezer)을 사용한다.

| | | | | | |
|---|---|---|---|---|---|
| ☐ 광택 | ☐ 색채 | ☐ 액체 | ☐ 강화하다 | ☐ 착색 | ☐ 발색 |
| ☐ 손거스러미 | ☐ 살균 | ☐ 감염성 | ☐ 원활하게 | | |

## 내용 이해하기

◆ 다음 그림은 네일 아트에서 사용되는 재료와 도구입니다. 번호에 알맞은 용어를 넣으세요.

| 1 | | 4 | |
|---|---|---|---|
| 2 | | 5 | |
| 3 | | 6 | |

## ◆ 다음을 읽고 네일 재료와 도구에 대한 알맞은 답을 고르십시오.

1. 네일 도구 중 감염성이 가장 높은 도구는 무엇입니까?

① 니퍼

② 세필 붓

③ 네일 버퍼

④ 네일 파일

2. 네일 시술 후에 폐기해야 하는 도구는 무엇입니까?

① 세필 붓

② 네일 버퍼

③ 도트 스틱

④ 네일 폴리시

3. 손톱의 모양을 정리하기 위해 사용하는 도구는 무엇입니까?

① 핀셋

② 네일 버퍼

③ 네일 파일

④ 우드 스틱

4. 손톱 주변의 건조한 피부를 촉촉하게 하는 것은 무엇입니까?

① 푸셔

② 니퍼

③ 네일 파일

④ 큐티클 오일

5. 손톱을 디자인할 때 사용하는 도구가 아닌 것은 무엇입니까?

① 핀셋

② 니퍼

③ 도트 스틱

④ 우드 스틱

# 문법 다지기

## ◆ 문법 '-았/었다가'와 '-다가' 비교

| -았/었다가 | -다가 |
|---|---|
| 어떤 상태나 행동이 다른 상태나 행동으로 변하는 것을 나타낸다. | |
| • 앞의 상태나 행동이 끝난 후에 다른 상태나 행동으로 바뀌는 것을 나타낸다.<br>(예) 도서관에 **갔다가** 잊어버린 것이 있어서 집에 왔어요. (O) | • 앞의 상태나 행동이 끝나지 않았는데 다른 상태나 행동으로 바뀌는 것을 나타낸다.<br>(예) 도서관에 가**다가** 잊어버린 것이 있어서 집에 왔어요. (O) |
| • '-았/었다가' 다음에 오는 동사는 앞의 내용과 관련이 있어야 하고 의미가 반대인 동사가 오는 경우가 많다.<br>(예) 편지를 **썼다가** 마음에 안 들어서 다 지웠어요. (O) | • '-다가' 뒤에 오는 동사에는 제약이 없다.<br>(예) 책을 읽**다가** 춤을 췄어요. (O) |

## ◆ 두 가지 표현 중 알맞은 답을 고르십시오.

1. 네일 파츠를 붙이고 ( 지냈다가 / 지내다가 ) 불편해서 뗐어요.

2. 회사에 ( 갔다가 / 가다가 ) 두통이 너무 심해서 병원에 갔어요.

3. 네일 시술을 ( 했다가 / 하다가 ) 갑자기 전화가 와서 받았어요.

4. ( 숙제했다가 / 숙제하다가 ) 너무 어려워서 친구에게 물어봤어요.

5. 네일을 ( 발랐다가 / 바르다가 ) 색이 마음에 안 들어서 지웠어요.

## 표현하기

◆ 다음은 네일숍에서 직원과 손님이 나누는 대화입니다. 대화를 읽고 연습해 보세요.

<인사를 나누고 관리를 시작하는 상황>

직원: 먼저 큐티클 정리부터 도와드릴게요.

손님: 네, 많이 아픈 시술인가요?

직원: 아니요, 큐티클 오일로 부드럽게 만든 다음에 아프지 않게 정리해 드릴게요.

손님: 네.

직원: 집에 손톱 관리 하실 때 힘든 점은 없으세요?

손님: 저는 피곤하더라도 피부 관리를 열심히 하는 편인데 손톱은 관리가 잘 안되더라고요. 방법도 잘 모르겠고요.

직원: 사실 손톱도 자주 관리해 주는 게 좋아요.

손님: 따로 어떤 관리를 하면 좋을까요?

직원: 손이 건조하지 않게 핸드크림을 자주 발라주고 손톱의 영양을 주는 제품을 사용해서 일주일에 한 번이라도 관리해 보세요. 훨씬 손톱이 건강해질 거예요.

손님: 그렇군요.

직원: 제가 디자인까지 다 끝나고 간단한 손 마사지 방법도 알려 드릴게요.

손님: 아, 감사합니다.

## 표현 연습하기

◆ '표현하기'에서 살펴본 대화를 바탕으로 네일숍에서 혼자서도 손톱을 관리할 수 있는 방법을 알려주는 상황의 대화문을 작성해 보세요.

손님:

직원:

손님:

직원:

손님:

직원:

손님:

직원:

손님:

직원:

**관리**

**셀프**

**푸셔**

**버퍼**

**큐티클 오일**

## 지식 넓히기

◆ 네일 아트 시술에 필요한 재료와 도구들의 이름과 모양을 다시 한 번 복습해 봅시다.

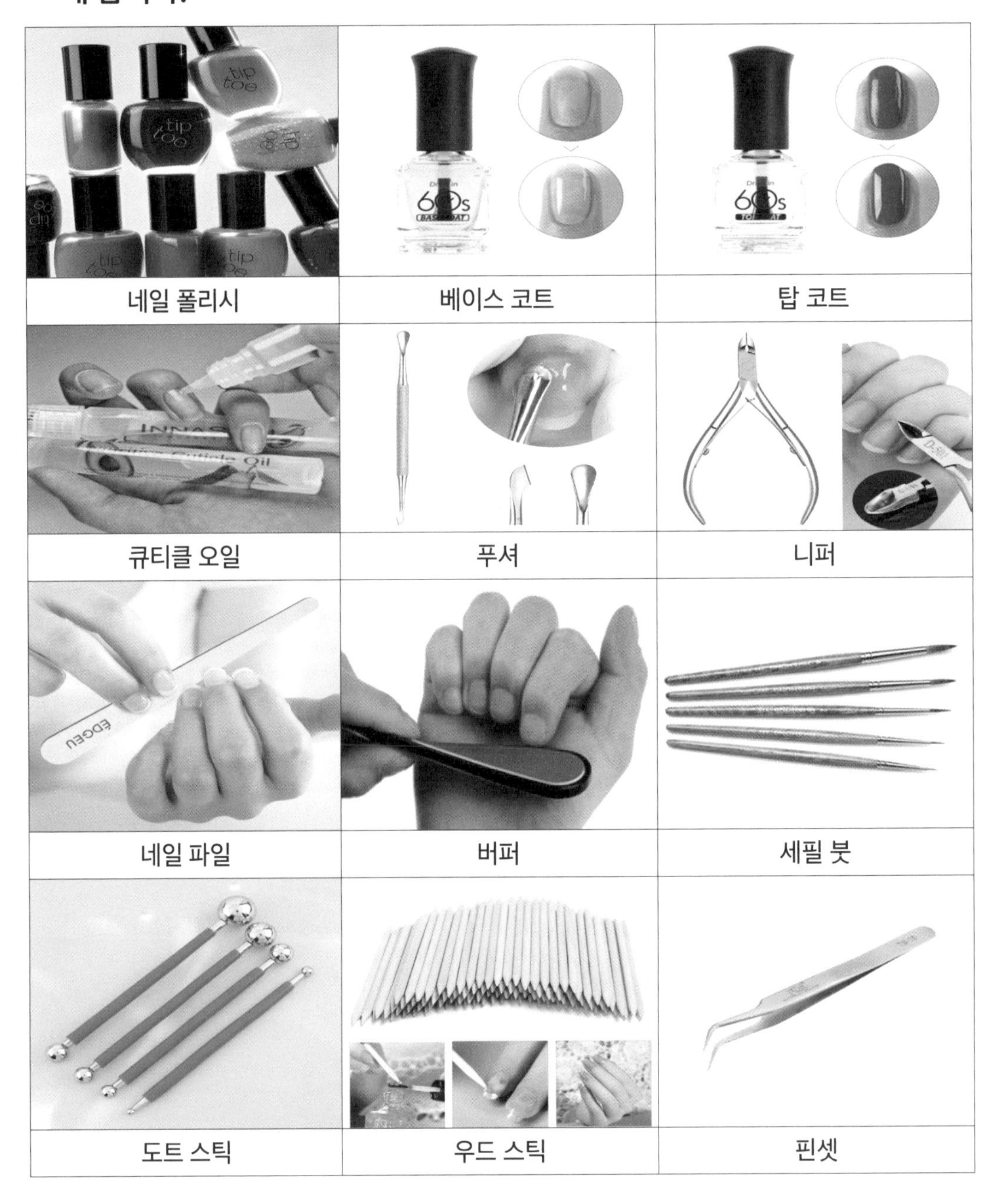

| 네일 폴리시 | 베이스 코트 | 탑 코트 |
| --- | --- | --- |
| 큐티클 오일 | 푸셔 | 니퍼 |
| 네일 파일 | 버퍼 | 세필 붓 |
| 도트 스틱 | 우드 스틱 | 핀셋 |

## 쓰기

◆ 이 과에서 배운 내용 중 자신이 자주 사용하는 세 가지 네일 아트 재료 및 도구를 골라 기능과 사용 방법을 써 보세요.

# 5.공중위생관리학

## 1) 공중보건학 총론 (질병 관리, 가족 및 노인 보건)

## 2) 환경위생과 식품위생 및 영양, 보건행정

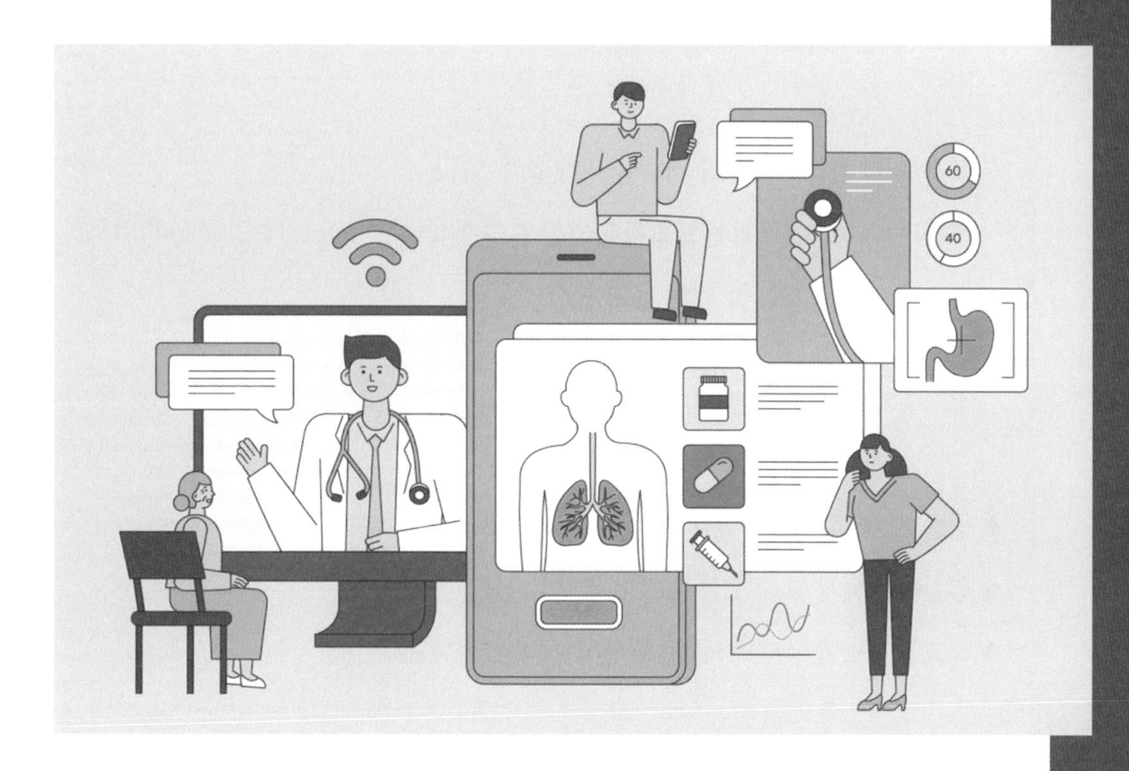

# (1) 공중보건학 총론 (질병 관리, 가족 및 노인 보건)

- 학습목표: 공중보건학의 개념을 이해할 수 있다.
- 학습기능: 공중보건학에 포함된 다양한 분야 분류하기. 각 보건학의 특성 파악하기.
- 학습어휘: 공중보건학 개론 용어
- 학습문법: '-고 나다', '-고 보다'

◆ 공중보건학은 무엇을 공부하는 학문일까요?

◆ 건강을 위해서 할 수 있는 일들이 무엇일까요?

◆ 대표적인 노인 복지 정책에는 어떤 것들이 있을까요?

## 주제 어휘

| | |
|---|---|
| **공중보건 (Public health)** | 지역 사회, 학교, 회사 등의 집단에서 질병 예방과 치료 따위로 구성원들의 건강과 생명을 보호하고 증진하는 일. |
| **역학 (Epidemiology)** | 질병의 발생 원인이나 변동 상태를 추적하고 연구하는 학문. |
| **기생충 (Parasite)** | 다른 동물체에 붙어서 양분을 빨아 먹고 사는 벌레. |
| **사회보장제도 (Social security system)** | 출산, 양육, 실업, 은퇴, 장애, 질병, 빈곤, 사망 따위의 어려움에 처한 사회 성원들의 생활을 국가 및 지방 자치 단체가 일련의 사회 정책을 통하여 해결해 주는 제도. |
| **심신 (Mind and body)** | 마음과 몸을 아울러 이르는 말. |
| **병인 (The cause of a disease)** | 병의 원인. |
| **선천성대사이상** | 인체가 섭취한 음식을 이용하는 과정에서 선천적으로 이상을 일으키는 현상. |
| **덴버 검사 (Denver)** | 발육에 지연이 있거나 발달상의 문제가 의심되는 아동들을 선별하기 위해 만들어진 객관적인 검사. |
| **노인 장기 요양 보험** | 혼자서는 일상생활을 하기 어려운 65세 이상의 노인에게 신체 활동 또는 가사 지원과 같은 장기 요양 급여를 제공하는 제도. |

## 공중보건학 총론

건강이란 단순히 질병이 없거나 허약하지 않은 상태만을 의미하는 것이 아니라 육체적, 정신적, 사회적 안녕의 완전한 상태를 말한다.(WHO, 1948) 원슬로우는 공중보건학에 대해 조직적인 지역사회의 노력을 통하여 질병을 예방하고 수명을 연장하며, 신체적, 정신적 건강과 효율을 증진시키는 기술이며, 과학이라고 정의했다.

공중보건의 대상은 개인이 아닌 지역 주민 단위의 다수, 더 나아가 국민 전체를 대상으로 하며 공중보건사업의 최소 단위는 지역사회 주민이 된다. 공중보건의 목적은 질병 예방, 수명 연장, 신체적 정신적 건강 증진으로 공중 보건 사업의 3대 요소에는 보건교육, 보건행정, 보건 관계 법규가 있다. 공중보건학의 범위는 다음과 같다.

1) 환경 관리 분야 : 환경위생, 식품위생, 환경보전과 환경오염, 산업보건, 공해
2) 역학 및 질병 관리 분야 : 역학, 감염병 관리, 기생충 질병 관리, 만성 질병 관리, 비전염성 질병 관리
3) 보건 관리 분야 : 보건행정, 보건영양, 인구보건, 가족보건, 모자보건, 학교보건, 보건교육, 노인보건, 의료정보, 응급의료, 사회보장제도

## 질병 관리

우리나라 헌법에서는 '건강이란 모든 국민이 마땅히 누려야 할 기본적인 권리이다'라고 하여 건강을 하나의 기본적 개념으로 보고 있다. 질병이란 심신의 전체 또는 일부가 일차적 또는 계속적으로 장애를 일으켜서 정상적인 생리 기능을 하지 못하는 상태를 말한다. 건강은 병인, 숙주, 환경의 상호작용이 균형을 유지할 때 성립한다. 따라서 병인, 숙주, 환경의 균형이 무너지면 질병에 걸리므로 이 세 가지를 질병 발생의 3대 요인이라 할 수 있다. 질병은 다음의 단계를 통해 예방할 수 있다.

- 1차 예방(질병 발생 전 단계) : 환경 개선, 건강 관리, 예방 접종, 안전 관리, 보건교육 등
- 2차 예방(질병 감염 단계) : 조기 검진, 건강검진, 악화 방지 및 치료 등
- 3차 예방(불구 예방 단계) : 재활 및 사회 복귀, 적응 등

## 가족보건

가족보건 사업은 주로 모자 보건의 개념에서 이루어진다. 모자보건의 대상은 임신, 분만, 수유기의 여성과 태아, 신생아, 영아, 유아이다. 모자 보건이 중요한 이유는 어린이 질병을 적절한 시기에 치료하지 않으면 사망률이 높고 치료 후에도 영구적인 장애를 초래할 수 있기 때문이다. 이러한 모자 보건을 위해 진행되고 있는 사업은 다음과 같다. 모성 생식건강관리를 위한 건강증진 프로그램을 개발하고 임산부 등록관리로 출산 전과 후를 나눠 건강진단을 수행하여 건강한 상태를 유지하도록 한다. 건강한 태아 출산을 위해 선천성 대사이상 검사를 지원하여 정신지체아 발생을 예방한다. 영유아 관리는 영유아의 효과적인 발육을 위해 영유아 발달검사와 성장 시기에 맞춘 예방 접종도 실시하고 있다. 영유아 성장 발달을 덴버(Denver) 검사를 실시하여 효율적인 성장을 돕는다.

## 가족보건

노인 인구는 계속해서 증가하고 있으며 과거에 비해 급성 전염병 질환보다는 만성 퇴행성 질환을 가진 노인들이 많아지고 있기 때문에 꾸준한 관리가 필요하다.

노인들이 자주 겪는 노인성 질환으로는 심근경색, 뇌경색 등과 같은 고혈압과 당뇨병, 골다공증, 관절염 등이 있다. 또한 뇌 기능이 손상되면서 언어, 인지 능력, 성격 등에 장애가 생기는 노인성 치매도 대표적인 노인성 질환이라고 할 수 있다. 이와 같은 특성을 이해하고 노인에 대한 복지가 원활하게 이루어질 수 있는 맞춤형 보건 사업을 구축해 가고 있다. 그중 하나로 노인 장기 요양 보험을 들 수 있는데 이는 나이 많아서 노인성 질병 등으로 일상생활을 혼자 해내기 어려운 노인의 신체 활동 돕고 가사 지원 등의 장기 요양 급여를 지급하는 등 사회적 연대 원리에 의해 복지를 제공하는 사회 보험 제도이다.

| | | | | | |
|---|---|---|---|---|---|
| □ 허약하다 | □ 안녕 | □ 심근경색 | □ 영구적 | □ 뇌경색 | □ 장애를 일으키다 |
| □ 골다공증 | □ 재활 | □ 인슐린 | □ 증진시키다 | □ 활동 세포 | □ 만성 퇴행성 질환 |

# 내용 이해하기

## ◆ 공중보건학의 범위를 핵심 단어로 정리해 보세요.

## ◆ 다음은 질병 발생의 3대 요인입니다. 특징을 읽고 알맞은 요인을 쓰세요.

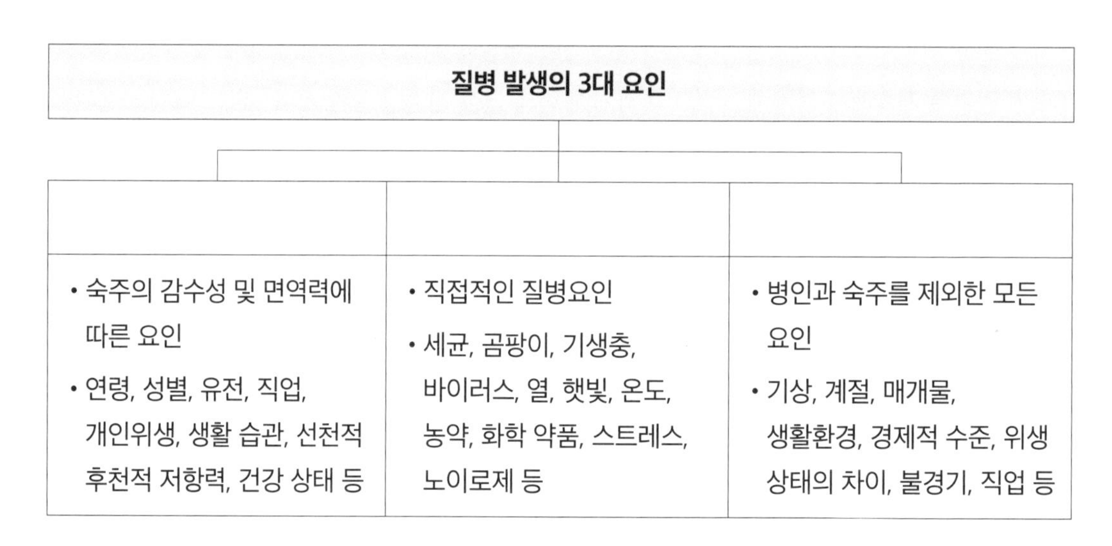

질병 발생의 3대 요인

| | | |
|---|---|---|
| • 숙주의 감수성 및 면역력에 따른 요인<br>• 연령, 성별, 유전, 직업, 개인위생, 생활 습관, 선천적 후천적 저항력, 건강 상태 등 | • 직접적인 질병요인<br>• 세균, 곰팡이, 기생충, 바이러스, 열, 햇빛, 온도, 농약, 화학 약품, 스트레스, 노이로제 등 | • 병인과 숙주를 제외한 모든 요인<br>• 기상, 계절, 매개물, 생활환경, 경제적 수준, 위생 상태의 차이, 불경기, 직업 등 |

## ◆ 다음은 공중보건학과 질병 관리, 가족보건, 노인 보건에 대한 문제입니다. 문제를 읽고 알맞은 답을 고르십시오.

1. 건강의 정의는 무엇입니까?

① 질병은 없으나 심리적으로 허약한 상태
② 병인, 숙주, 환경의 균형이 무너진 상태
③ 육체적, 정신적, 사회적 안녕의 완전한 상태
④ 장애를 일으켜서 생리 기능이 불완전한 상태

2. 공중보건사업의 최소 단위로 알맞은 것은 무엇입니까?

① 노약자
② 국민 개인
③ 국가 전체
④ 지역 사회 주민

3. 공중보건사업의 3대 요소가 아닌 것은 무엇입니까?

① 보건 관리
② 보건행정
③ 보건 교육
④ 보건 관계 법규

4. 모자 보건을 위해 진행되고 있는 사업에 대한 설명 중 맞지 않는 것은 무엇입니까?

① 부모 등록 관리
② 건강증진 프로그램 개발
③ 선천성 대사이상 검사 지원
④ 영유아 발달검사와 예방 접종 실시

5. 노인 장기 요양 보험에 대한 설명으로 가장 적절한 것은 무엇입니까?

① 노인의 의료비를 지원하는 보험
② 노인의 정기적인 건강 진단을 위한 보험
③ 노인의 다양한 사회 활동을 지원하는 보험
④ 노인의 취미 생활에 도움을 주기 위한 보험

## 문법 다지기

### ◆ 문법 '-고 나다'와 '-고 보다' 비교

| -고 나다 | -고 보다 |
|---|---|
| 어떤 상황이나 행위가 끝났음을 나타내는 문법. | |
| • 뒤에 행위가 발생하고 순차적으로 알게 되거나 행하는 내용이 온다.<br>(예) 정신없이 일을 하**고 나니** 자정이 되었다.(O) | • 뒤 절에 행위가 발생한 후에 새삼 스럽게 깨달은 내용이 온다.<br>(예) 정신없이 일을 하**고 보니** 저녁 약속이 있었다는 것을 깨달았다.(O) |
| • 뒤 절이 없으면 사용할 수 없다.<br>(예) 먼저 일정을 정하**고 나자**. (X) | • 뒤 절이 없어도 사용 가능하다.<br>(예) 먼저 일정을 정하**고 보자**. (O) |
| • '-아/어서'의 구성으로 사용할 수 있다.<br>(예) 점심을 먹고 나**서** 일을 합시다. (O) | • '-아/어서'의 구성으로 사용할 수 없다.<br>(예) 점심을 먹**고 봐서** 일을 합시다. (X) |
| • 종결형으로 사용되지 않는다. | • 종결형으로 사용할 수 있다. |

### ◆ 두 가지 표현 중 알맞은 답을 고르십시오.

1. 일단 맛있게 ( 먹고 납시다 / 먹고 봅시다 ).

2. 예방접종을 ( 하고 나니 / 하고 보니 ) 몸에 열이 난다.

3. 다른 것보다 먼저 계획을 ( 세우고 납시다 / 세우고 봅시다 ).

4. 밤새도록 ( 일하고 나니 / 일하고 보니 ) 아침 해가 뜨고 있었다.

5. 감기로 ( 고생하고 나서 / 고생하고 봐서 ) 건강을 더 챙기게 되었다.

## 쓰기

◆ 여러분의 나라에서 공중 보건을 위해 시행하고 있는 사업들에는 어떤 것들이 있는지 설명해 보세요.

# (2) 환경위생과 식품위생 및 영양, 보건행정

- 학습목표: 건강하고 쾌적한 생활을 위해 필요한 위생 관리와 영양 섭취, 그리고 이를 관할하는 행정기관에 대해 이해할 수 있다.
- 학습기능: 환경 문제에 대해 설명하기.
- 학습어휘: 위생, 행정 기관
- 학습문법: '-는 바람에', '-느라고'

◆ 환경이 우리에게 어떤 영향을 끼칠까요?

◆ 영양소를 충분히 섭취하지 않으면 무슨 문제가 생길까요?

◆ 우리 주변에 보건과 관련된 행정기관으로 무엇이 있을까요?

## 주제 어휘

|  |  |
|---|---|
| **잠함병 (The Bends / Decompression Sickness)** | 고기압에서 저기압으로 변할 때 발생하는 질환으로, 혈액과 조직에 있는 용해된 가스가 기포를 형성하여 발생한다. |
| **용존 산소량 (DO / Dissolved Oxygen)** | 물속에 녹아 있는 유리 산소의 양을 나타내는 지표로, 수질 상태의 중요한 지표이다. 높을수록 수질이 깨끗한 것이다. |
| **생물학적 산소요구량 (BOD / Biological Oxygen Demand)** | 물속의 유기물을 분해하는 데 필요한 산소의 양으로, 오염 정도를 나타내는 지표이다. 높을수록 오염이 심한 것이다. |
| **화학적 산소요구량 (COD / Chemical Oxygen Demand)** | 물속의 유기물을 화학적으로 산화시키는 데 필요한 산소의 양을 나타내며, 수질의 오염 정도를 측정하는 지표이다. |
| **보건행정** | 국민의 건강 관리를 위하여 행하는 행정. |
| **세계보건기구 (WHO / World Health Organization)** | 국제연합(UN)에 속한 보건 전문 국제기관. |
| **보건복지부** | 보건위생·방역·의정·약정·구호·자활 지도·부녀·아동 및 사회보장에 관한 사무를 맡아 처리하는 중앙행정기관. |
| **보건소** | 지역의 공중보건 향상 및 증진을 위해 시·군·구 단위에 설치되어 있는 행정기관. 기본 의료 업무와 각종 보건행정을 전담한다. |
| **국제연합 (UN / United Nations)** | 국제 평화 기구. |
| **모자보건** | 어머니와 자녀의 건강과 생명을 보호하는 일. |

## 환경위생

공기의 질은 환경위생에서 매우 중요하다. 대기에서 약 21%를 차지하는 산소는  그 농도가 10%로 떨어지면 호흡곤란을, 7% 이하로 떨어지면 질식과 사망의 원인이 된다. 질소는 가장 높은 비율(78%)을 차지하지만, 정상 기압에서는 인체에 큰 영향을 주지 않는다. 이산화탄소는 실내 공기의 오염도를 판정하는 기준으로, 온실효과의 주요 원인이 된다. 그리고 일산화탄소는 무색, 무미, 무취의 맹독성 가스로, 헤모글로빈과의 친화력이 산소보다 높다.

대기의 자정작용은 바람, 강우, 강설, 산소, 오존, 과산화수소에 의한 산화작용, 탄소동화작용, 자외선에 의한 살균작용, 중력에 의한 침강 작용 등이 있다. 대기오염은 주로 대류권에서 농축되며, 상층의 공기가 하층보다 따뜻해져 오염물질이 갇히는 것을 의미하는 기온역전 현상은 오염물질의 확산에 중요한 역할을 한다.

실내에서는 18±2℃가 적정 온도이다. 침실의 경우, 15±1℃가 적절하며, 겨울철 쾌감 온도는 19℃(66°F), 여름철은 21.7℃(77°F)이다. 기습(습도)은 공기 중 수증기량을 나타내며, 쾌적한 습도는 40~70%이다. 복사열은 발열체에 의해 발생하는 열로, 실제 온도보다 더 큰 온감을 느끼게 한다.

수질 기준은 일반 세균, 대장균군, pH, 색도, 탁도, 수은의 양 등을 포함한다. 상수 처리는 폭기, 응집, 침전, 여과, 소독 등의 단계를 거쳐 이루어진다. 하수 처리는 예비처리, 본처리, 오니처리 등으로 구성되며, 수질 오염 지표로는 DO, BOD, COD 등이 사용된다. 수질 오염으로 인한 피해는 미나마타병과 이타이이타이병 등을 포함해 심각한 건강 문제를 야기할 수 있으며, 이는 수질 관리의 중요성을 강조한다.

## 식품위생 및 영양

식품위생은 식품을 통한 질병 전파 방지와 안전한 식품 섭취 보장을 목적으로 한다. 식중독은 세균, 자연독, 기생충에 의해 발생하는 질병으로, 세균성 식중독은 세균 또는 세균이 생성한 독소에 의해 발생하며 면역 형성이나 2차 감염이 없다. 독소형 식중독은 포도상 구균과 보툴리누스균에 의해, 감염형 식중독은 살모넬라, 병원성 대장균, 장염비브리오, 웰치균 등에 의해 발생한다. 자연독 식중독은 동식물의 유독화되는 경우나 무지로 인한 오용에서 기인하며, 복어의 테트로도톡신, 모시조개와 굴의 베네루핀, 섭조개와 홍합의 삭시톡신, 독버섯의 무스카린, 감자의 솔라닌 등이 원인이다. 기생충 감염은 선충류, 구충류, 조충류, 흡충류 등에 의해 발생한다.

식품의 영양소는 신체의 열량 공급, 조직 구성, 생리적 조절 기능을 한다. 열량을 공급하는 단백질, 탄수화물, 지방질은 중요한 에너지원이고 단백질은 근육조직을, 칼슘과 인은 치아와 골격을, 철분은 혈액을 공급한다. 비타민과 무기질은 식품의 산화를 촉진하고 심장 운동을 도우며 요오드는 갑상선 기능을 유지한다. 비타민 K는 혈액응고와, F는 발육이나 피부와 관련이 있다. B가 부족할 시 각기병과 식욕부진을, B2의 부족은 구순염과 설염, 성장 지연을 일으키고, B6는 피부염, B12는 악성빈혈, C는 괴혈병과 연관이 있다. 또 비타민 D와 A는 각각 구루병과 야맹증과 관련이 있다. 영양장애의 유형으로는 마라스무스(Marasmus)와 콰시오커(Kwashiorkor)가 있다. 균형 잡힌 식사와 적절한 영양 섭취는 신체 기능 지원과 건강한 생활 유지에 필수적이다.

## 보건행정

보건행정이란 공중보건의 목적을 달성하기 위한 것으로 공공의 책임하에 수행하는 행정 활동이다. 즉, 정부와 공공단체가 수명연장, 질병 예방, 육체적·정신적 효율 증진 등 국민의 건강을 위하여 수행하는 행정을 의미한다.

보건행정의 특성은 공공성, 사회성, 교육성, 과학성, 기술성, 봉사성, 조장성 등이다. 보건행정 조직은 세계보건기구(WHO)와 국내 보건 조직이 있다. 국민의 일반 보건행정은 보건복지부가 담당하고, 학교 보건행정은 교육부, 근로 보건행정은 노동부가 담당한다. 한국의 지방 보건행정의 최일선 조직으로 보건행정의 말단 행정기관이 보건소이다.

세계보건기구(WHO)는 1948년 국제연합(UN)이 설립한 보건 전문기관으로 한국은 1949년에 가입하였다. 세계보건기구(WHO)는 세계의 인류가 육체 및 정신적으로 최고 수준의 건강 상태에 도달하는 것을 목적으로 활동한다. 세계보건기구(WHO)에서 규정한 보건행정의 범위는 보건교육, 환경위생, 의료, 감염병 관리, 보건 관련 기록의 보존, 모자보건, 보건간호, 재해예방이다.

| | | | | | | |
|---|---|---|---|---|---|---|
| ☐ 맹독성 | ☐ 자정작용 | ☐ 산화작용 | ☐ 농축 | ☐ 발열체 | ☐ 폭기 | ☐ 응집 |
| ☐ 침전 | ☐ 여과 | ☐ 오니 | ☐ 선충 | ☐ 구충 | ☐ 조충 | |
| ☐ 흡충 | ☐ 달성하다 | ☐ 증진 | ☐ 조장성 | ☐ 말단 | ☐ 설립하다 | |

## 내용 이해하기

### ◆ 다음 문장을 읽고 빈칸을 채워 보세요.

1. (　　　　　)은/는 가장 높은 비율(78%)을 차지하지만, 정상 기압에서는 인체에 큰 영향을 주지 않는다.

2. (　　　　　)은/는 실내 공기의 오염도를 판정하는 기준으로, 온실효과의 주요 원인이 된다.

3. 대기의 자정작용은 바람, 강우, 강설, 산소, 오존, 과산화수소에 의한 (　　　　　) 작용, 자외선에 의한 (　　　　　)작용, 중력에 의한 (　　　　　)작용 등이 있다.

4. 식품위생은 식품을 통한 (　　　　　)와/과 (　　　　　)을/를 목적으로 한다.

5. (　　　　　) 식중독은 세균 또는 세균이 생성한 독소에 의해 발생하며 면역 형성이나 2차 감염이 없다.

6. (　　　　　) 식중독은 포도상 구균과 보툴리누스균에 의해, (　　　　　)식중독은 살모넬라, 병원성 대장균, 장염비브리오, 웰치균 등에 의해 발생한다.

7. 식품의 영양소는 (　　　　　), (　　　　　), (　　　　　) 기능을 한다.

8. 보건행정의 특성은 (　　　　　), (　　　　　), (　　　　　), (　　　　　), (　　　　　), (　　　　　), (　　　　　) 등이다.

9. 세계보건기구(WHO)에서 규정한 보건행정의 범위는 (　　　　　), (　　　　　), (　　　　　), (　　　　　), (　　　　　), (　　　　　), (　　　　　), (　　　　　)이다.

### ◆ 다음은 환경위생과 식품위생 및 영양, 보건행정과 관련된 문제입니다. 문제를 읽고 알맞은 답을 고르십시오.

1. 고기압 상태에서 올 수 있는 인체 장애로 무엇이 있는지 고르십시오.

   ① 잠함병　② 섬유증식증　③ 안구 진탕증　④ 레이노이드병

<미용사(일반) 필기 2011년 10월 09일(5회)>

2. 감염형 식중독이 아닌 것을 고르십시오.

① 살모넬라균 식중독

② 포도상 구균 식중독

③ 장염비브리오 식중독

④ 병원성 대장균 식중독

<미용사(일반) 필기 2011년 10월 09일(5회)>

3. 수질 오염을 측정하는 지표로서 물에 녹아있는 유리산소를 의미하는 것을 고르십시오.

① 용존산소(DO)

② 수소이온농도(pH)

③ 화학적산소요구량 (COD)

④ 생물화학적산소요구량(BOD)

<미용사(일반) 필기 2011년 07월 31일(4회)>

4. 보건행정의 정의에 포함되는 내용과 가장 거리가 먼 것을 고르십시오.

① 질병 예방

② 국민의 수명연장

③ 공적인 행정 활동

④ 수질 및 대기 보전

<미용사(일반) 필기 2011년 10월 09일(5회)>

5. 보건행정에 대한 설명으로 가장 올바른 것을 고르십시오.

① 국가 간의 질병 교류를 막기 위해 공공의 책임하에 수행하는 행정 활동

② 공중보건의 목적을 달성하기 위해 개인의 책임하에 수행하는 행정 활동

③ 공중보건의 목적을 달성하기 위해 공공의 책임하에 수행하는 행정 활동

④ 개인 보건의 목적을 달성하기 위해 공공의 책임하에 수행하는 행정 활동

<미용사(일반) 필기 2011년 07월 31일(4회)>

# 문법 다지기

## ◆ 문법 '-는 바람에'와 '-느라고' 비교

| -는 바람에 | -느라고 |
|---|---|
| 앞의 말이 뒤에 오는 부정적인 상황이나 사건의 원인이 됨을 나타낼 때 쓴다. | |
| • 갑작스레 발생한 원인과 결과를 말한다. 의지와 상관없는 일에도 많이 사용한다.<br>(예) 비가 갑자기 쏟아지**는 바람에** 집에만 있어야 했다.(O)<br>감기에 걸리**는 바람에** 기침을 많이 해요(O)<br>친구를 만나**는 바람에** 학교를 빠졌다(?) | • 앞의 일을 하는 데에 시간이 걸리기 때문에 뒤에 오는 부정적인 일이 생긴다. 보통 앞의 상황은 자신에 의지에 의한 것일 때가 많다.<br>(예) 공부하**느라고** 운동을 못 했어요.<br>감기에 걸리**느라고** 고생했어요 (X) |
| • 앞뒤의 주어가 일치하지 않아도 된다.<br>(예) 어제 룸메이트가 밤 늦게까지 큰 소리로 노래를 부르**는 바람에** (내가) 잠을 못 잤다.(O) | • 앞뒤의 주어가 일치해야 한다.<br>(예) 어제 룸메이트가 밤늦게까지 큰 소리로 노래를 부르**느라고** (내가) 잠을 못 잤다.(X) |

## ◆ 두 가지 표현 중 알맞은 답을 고르십시오.

1. 사고가 ( 나느라고 / 나는 바람에 ) 입원을 해야 했다.

2. 편식을 ( 하느라고 / 하는 바람에 ) 영양이 불균형해졌다.

3. 아침에 늦게 ( 일어나느라고 / 일어나는 바람에 ) 지각했어요.

4. 환경이 급격하게 ( 오염되느라고 / 오염되는 바람에 ) 새로운 병이 생겨나고 있다.

5. 우리 사회는 산업 발전만을 ( 생각하느라고 / 생각하는 바람에 ) 환경보호에는 소홀한 것 같다.

## 쓰기

◆ 여러분이 생각하는 가장 큰 환경 문제와 이를 해결하기 위한 방법을 써 보세요.

# 6. 해부생리학

1) 세포와 조직

2) 골격계

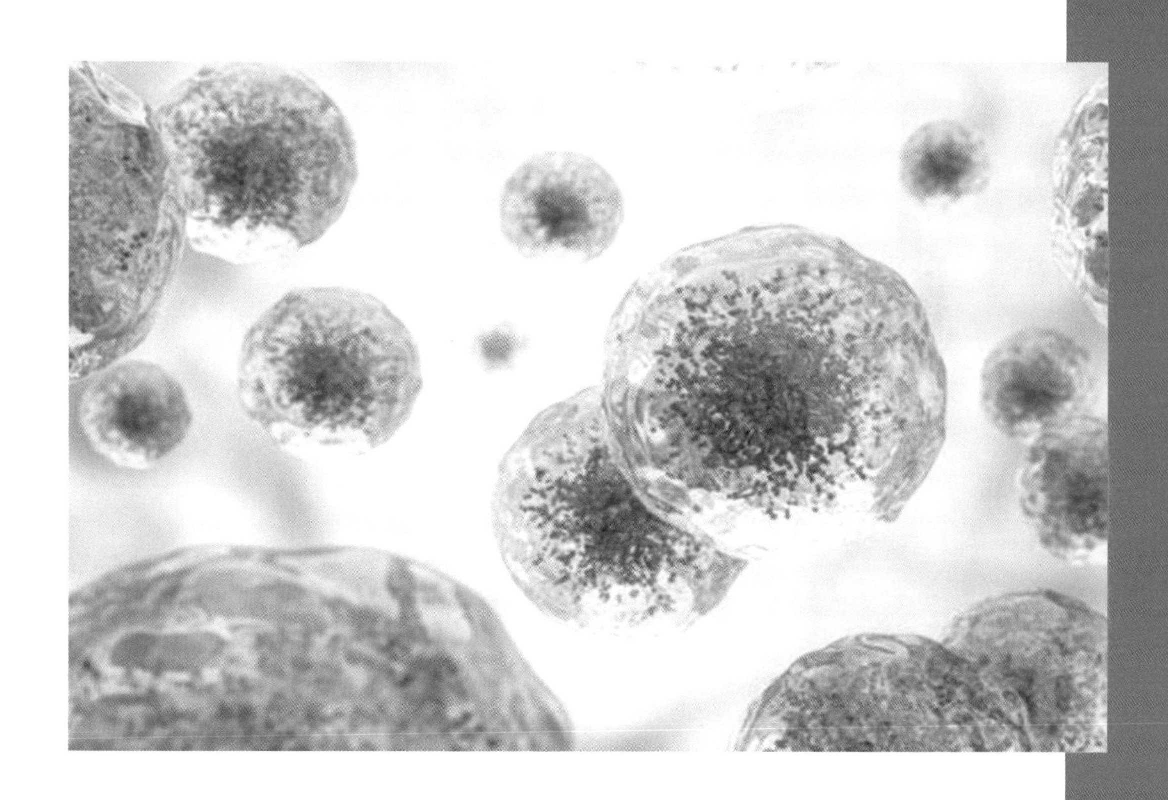

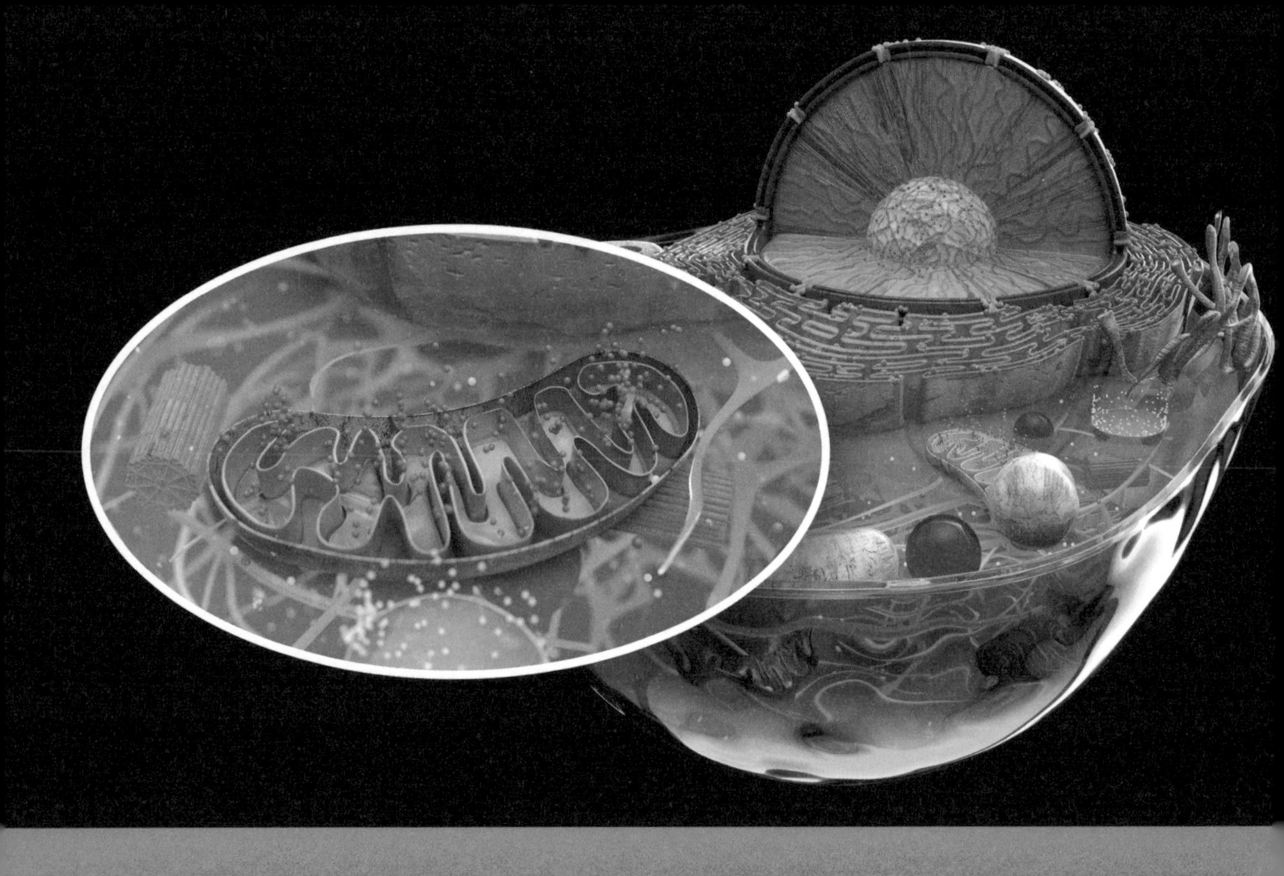

# (1) 세포와 조직

• 학습목표: 세포와 조직의 구성과 특성을 이해할 수 있다.

• 학습기능: 세포와 조직 구성 요소 파악하기

• 학습어휘: 세포와 조직의 구성

• 학습문법: '-았었/었었-', '-았/었'

◆ 우리 몸에서 가장 작은 물질은 무엇일까요?

◆ 사람의 조직의 종류에는 어떤 것들이 있을까요?

◆ 우리 몸속에 있는 세포가 모이면 어떤 기능을 할까요?

# 주제 어휘

|  |  |
|---|---|
| **세포 (Cell)** | 모든 생물체의 가장 기초적인 단위. |
| **세포막 (Cell membrane)** | 모든 세포가 가지고 있으며 세포의 내부와 외부를 서로 구분하는 막. |
| **핵 (Nucleus)** | 모든 생물에서 발견할 수 있는 세포 내의 기관 중 가장 핵심인 기관. |
| **핵소체 (Nucleolus)** | 세포의 한 부분에서 발견되는 유전 물질의 둥근 조각. |
| **리보솜 (Ribosome)** | 세포 안에서 아미노산을 연결하여 단백질 합성을 담당하는 세포의 소기관. |
| **미토콘드리아 (Mitochondria)** | 세포 안에 있는 세포 호흡을 담당하는 세포의 소기관. |
| **핵막 (Nuclear membrane)** | 유전 물질을 둘러싸고 있는 핵을 둘러싸고 있는 두 개의 막. |
| **세포질 (Cytoplasm)** | 세포 내부를 균일하게 채우고 있는 점액 형태의 물질. |
| **선택적 투과성막 (Selective permeability)** | 핵과 미세구조를 둘러싸고 있는 막. |
| **뉴런 (Neuron)** | 전기적 및 화학적 신호를 통해 정보를 처리하고 전송하는 전기적으로 흥분시키는 세포. |

## 세포의 구성 요소

세포(Cell)는 살아 있는 모든 것들을 안에서 존재하며 화학물질들과 구조들로 형성된 단위를 가리키는 말이다. 세포의 모양은 불규칙하며 둥근 모양, 가는 형태, 평평한 모양 등 그 형태는 다양하게 나타난다. 우리 몸을 구성하는 세포는 약 60조 개 정도이며 100㎛(마이크로미터) 정도의 크기이다. 세포의 종류에 따라 크기는 각각 다르게 나타나는데 뉴런과 같은 신경 세포는 최대 1m 정도의 크기를 가지고 있다. 이러한 세포는 소화, 호흡, 생식 등 인간이 생명을 유지하게 위해 반드시 필요한 요소이다.

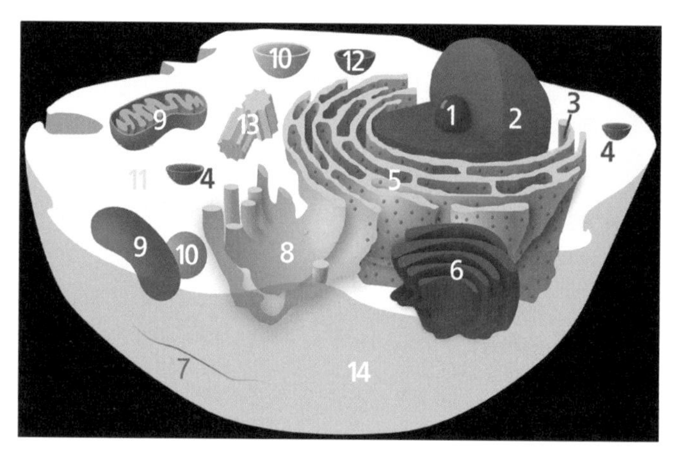

▲ (1)핵, (2)핵막, (3)리보솜, (4)소포, (5)거친면 소포체, (6)골지체, (7)세포 골격, (8)매끈면 소포체, (9)미토콘드리아, (10)액포, (11)세포질, (12)리소좀, (13)중심체, (14)세포막

인체의 세포들은 세포막(cell membran -e), 핵과 핵소체(Nucleus and Nucleo -lus), 리보솜(Ribosome), 미토콘드리아(Mitochondria) 등을 가지고 있으며, 각각의 구성요소는 특정한 용도가 있다.

먼저 세포막은 일정한 모양을 가지고 세포의 내용물들을 고정시켜 주는 경계면이자 보호막이다. 세포막은 물질이 세포 안팎으로 이동하는 데에 중요한 역할을 하고 있으며 특정 물질만 이동할 수 있도록 제한한다. 통과할 대상을 선택하는 성질 때문에 세포막은 선택적 투과성(또는 반투과성) 막이라고 불리기도 한다.

핵은 세포에서 가장 크고 뚜렷한 소기관이며 핵막(Nuclear membrane)으로 싸여 있다. 핵은 세포 속에 있는 소기관에 활동을 지시하는 역할을 한다. 핵 안에는 핵소체와 유전물질로 이루어진 염색질이 들어 있다. 핵소체는 섬유성 물질로 구성되어 둥근 모양을 가지고 있으며 리보솜을 만들어내는 부위이다. 여기에서 만들어지는 리보솜은 핵막구멍을 통해 세포질로 이동된다. 리보솜은 세포 복구와 생식에 필요한 단백질 생성을 돕는 기관으로 세포질에 떠 있거나 소포체에 존재하는 세포소기관을 말한다. 흔히 세포의 '발전소'라고 부르는 미토콘드리아는 세포의 호흡, 복구와 이동, 생식하는 에너지의 95%를 공급한다. 미토콘드리아는 활동이 왕성한 세포에 더 많이 존재하기 때문에 세포의 활동량에 따라 분포하는 미토콘드리아의 양도 달라진다. 이와 같은 세포들이 생존하기 위해 균형 있는 환경이 유지되어야 하며 이러한 환경을 세포질(Cytoplasm)이라고 한다.

| | | | | | |
|---|---|---|---|---|---|
| □ 화학물질 | □ 용도 | □ 경계면 | □ 유전 | □ 염색질 | □ 섬유성물질 |
| □ 핵막구멍 | □ 복구 | □ 발전소 | □ 왕성하다 | □ 활동량 | |

## 내용 이해하기

### ◆ 다음 그림은 세포의 구성 요소입니다. 빈칸에 알맞은 용어를 쓰세요.

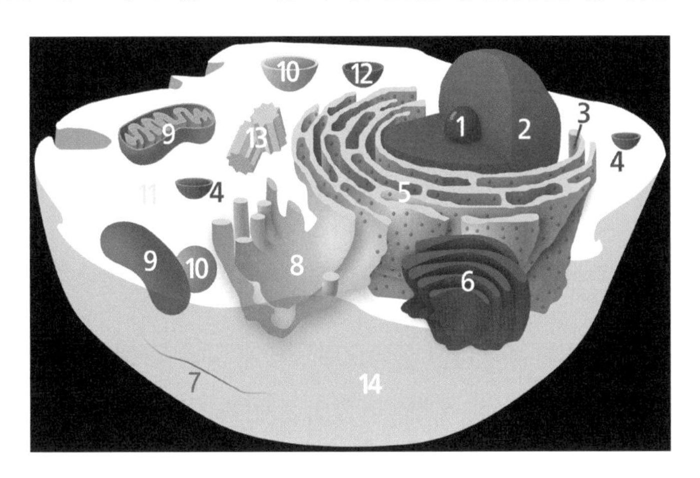


| | | | |
|---|---|---|---|
| 1 | | 8 | 매끈면 소포체 |
| 2 | 핵막 | 9 | |
| 3 | | 10 | 액포 |
| 4 | 소포 | 11 | |
| 5 | 거친면 소포체 | 12 | |
| 6 | 골지체 | 13 | 중심체 |
| 7 | 세포 골결 | 14 | |

## ◆ 다음은 세포의 구성 요소와 관련된 문제입니다. 문제를 읽고 알맞은 답을 고르십시오.

1. 세포의 가장 크고 뚜렷한 소기관은 무엇입니까?

① 핵

② 핵막

③ 리보솜

④ 미토콘드리아

2. 핵 안에 있는 무엇이 리보솜을 만들어내는 역할을 합니까?

① 핵막

② 핵소체

③ 세포막

④ 세포질

3. 세포막의 역할과 특성에 대한 설명으로 알맞은 것은 무엇입니까?

① 일정한 모양을 가지고 있다.

② 세포의 활동량에 따라 분포하는 양이 달라진다.

③ 물질의 이동을 제한하여 선택적 투과성을 가진다.

④ 세포의 모양을 유지하고 세포의 내용물을 고정시켜 주는 역할을 한다.

4. 미토콘드리아의 역할과 특성에 대한 설명으로 알맞지 않은 무엇입니까?

① 미토콘드리아는 활동이 왕성한 세포에 더 많이 존재한다.

② 미토콘드리아는 세포의 활동량에 따라 분포하는 양이 달라진다.

③ 미토콘드리아는 세포 속에 있는 소기관에 활동을 지시하는 역할을 한다.

④ 미토콘드리아는 세포의 복구와 이동, 생식하는 에너지의 95%를 공급한다.

5. 세포질의 역할과 특성에 대한 설명으로 알맞은 것은 무엇입니까?

① 세포질은 세포의 구조를 유지하는 역할을 한다.

② 세포질은 리보솜과 미토콘드리아를 포함하고 있다.

③ 세포질은 세포의 환경을 균형 있게 유지하는 역할을 한다.

④ 세포질은 세포 속에 있는 소기관에 활동을 지시하는 역할을 한다.

## 주제 어휘

| | |
|---|---|
| **조직<br>(Tissue)** | 같은 형태나 기능을 가진 세포의 모임. |
| **덮개상피<br>(Covering epithelium)** | 몸의 표면에 있는 여러 층으로 구성되어 있는 세포. |
| **샘상피<br>(Glandular epithelium)** | 표면에 있는 상피세포들이 상피 밑에 존재하는 결합조직으로 침투해서 분화된 세포. |
| **체강<br>(Coelom)** | 동물의 체벽과 내장 사이에 있는 빈 곳. |
| **내강<br>(Lumen)** | 막으로 이루어진 소기관의 내부 공간을 지칭하는 말. |
| **연골<br>(Cartilage)** | 뼈와 함께 몸을 지탱하는 무른 뼈. 탄력이 있으면서도 연하여 구부러지기 쉬움. |
| **저항력<br>(Resistance)** | 내외로부터 가해지는 여러 가지 자극에 대하여 저항하고 정상적인 기능을 유지하려고 하는 능력. |
| **복합체<br>(Complex)** | 두 가지 이상의 물체가 모여서 된 물체. |
| **혈액 순환<br>(Blood circulation)** | 심장에서 나온 혈액이 동맥, 모세 혈관, 정맥을 거쳐 다시 심장으로 돌아오는 것. |

# 조직의 분류

조직(tissue)은 생물체를 구성하는 단위의 하나로서, 같은 형태나 기능을 가진 세포의 모임이라 할 수 있다. 사람의 몸은 형상 · 성질이 다른 몇 종의 세포로 이루어져 있으며, 각 부분마다 같은 형태와 기능을 가지는 세포가 모여서 각 부분이 일정한 기능을 하도록 되어 있다. 보통 조직은 다음과 같이 7개로 분류되고 있다.

상피조직(epithelium / epithelial tissue)은 일반적으로 동물에서 몸의 표면이나 체강 및 위·장과 같은 내장성 기관의 내면을 싸고 있는 세포조직으로 크게 덮개상피(covering epithelium)와 샘상피(glandular epithelium)로 나눌 수 있다. 바깥쪽의 덮개상피는 신체의 외부 표면이나 다른 세포, 내강(lumen) 또는 외계에 닿아 있으며, 아래쪽의 덮개상피는 기저막이 있어 결합조직과 연결된다.

조직과 조직, 기관과 기관 사이를 결합하고 지지하는 형태의 조직을 결합조직(connective tissue)이라 하며, 인체에 가장 널리 분포하는 조직이다. 좁은 의미로는 여러 기관이나 조직의 틈을 메우고 연결하여 내부 장기를 보호하는 고유결합조직(proper connective tissue)을 말하고, 넓은 의미로는 신체를 받치고 있는 연골, 뼈, 혈액과 림프 등의 특수결합조직(special connective tissue)을 포함한다.

연골조직(cartilage tissue)은 연골세포와 연골기질로 된 섬유성 결합조직의 일종으로 탄력성이 풍부하고 압력에 대해 저항력을 가지며, 탄력성을 유지하면서 급속히 증식하는 것이 가능하다.

골조직(osseous tissue)은 뼈를 형성하는 조직, 근육조직(muscle tissue)은 근육 세포로 이루어진 조직. 몸과 각 내장 기관의 운동을 담당한다. 가로무늬근육 조직과 민무늬근육 조직이 있다.

신경 조직(nervous tissue)은 외부 또는 내부에서 발생한 여러 종류의 자극을 받아들이고 자극의 신호를 전달할 수 있도록 특수화된 조직으로, 동물체의 기능을 통합 조절하며, 스스로 정보를 만들거나 저장하는 기능도 수행한다. 따라서 이 조직의 특성이 궁극적으로 동물의 의식, 기억, 사고, 운동 등의 복합적인 기능을 가능하게 하는 기초가 된다.

혈관 속을 흐르고 있는 액상의 조직을 혈액이라 하고 림프는 조직세포의 간극에 존재하는 조직액이 림프관에 들어 있는 것으로 림프액이라고도 한다. 림프계는 림프절, 림프관, 림프조직 등의 림프 기관의 복합체를 말하며 혈관과 직접 연결되어 혈액 순환의 일부를 담당하고 있다.

## [사람의 조직]

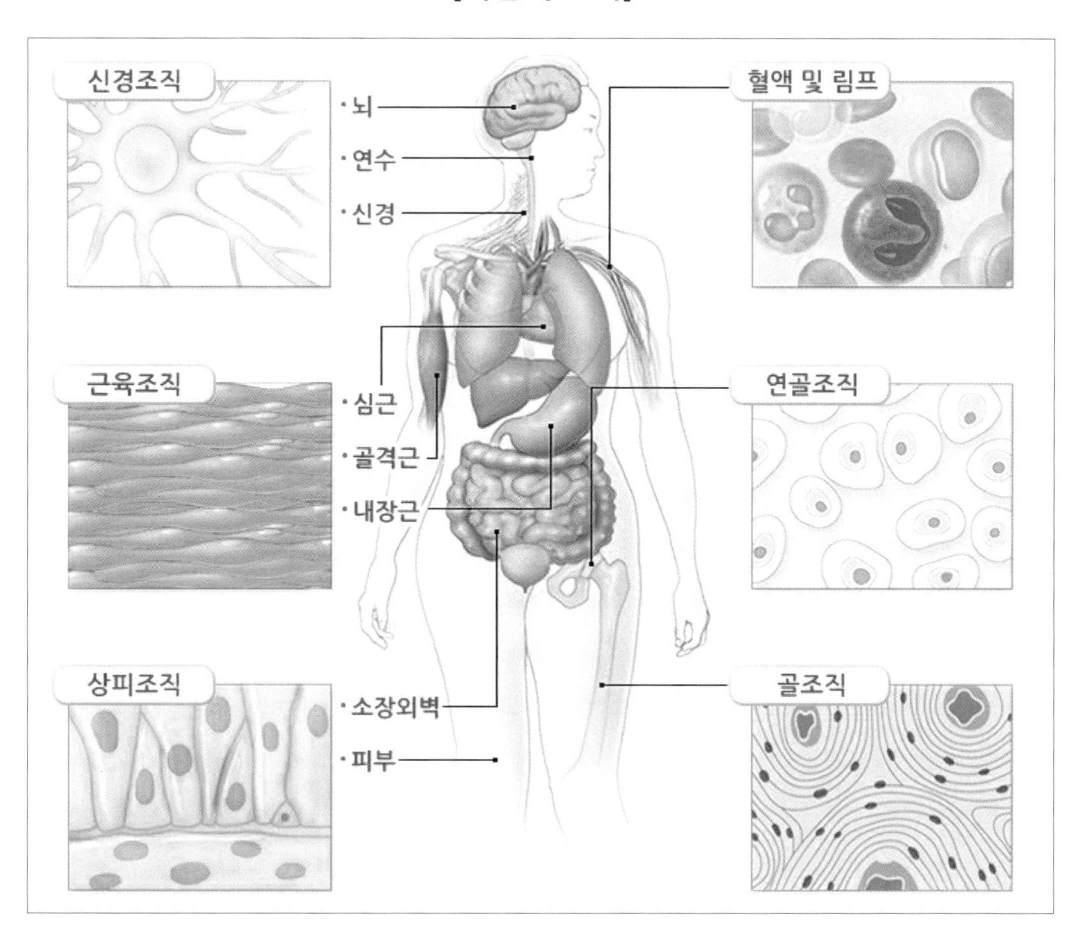


□ 뇌 □ 연수 □ 신경 □ 심근 □ 골격근 □ 내장근 □ 소장외벽

## 내용 이해하기

◆ 다음 그림은 사람의 조직입니다. 빈칸에 알맞은 용어를 쓰세요.

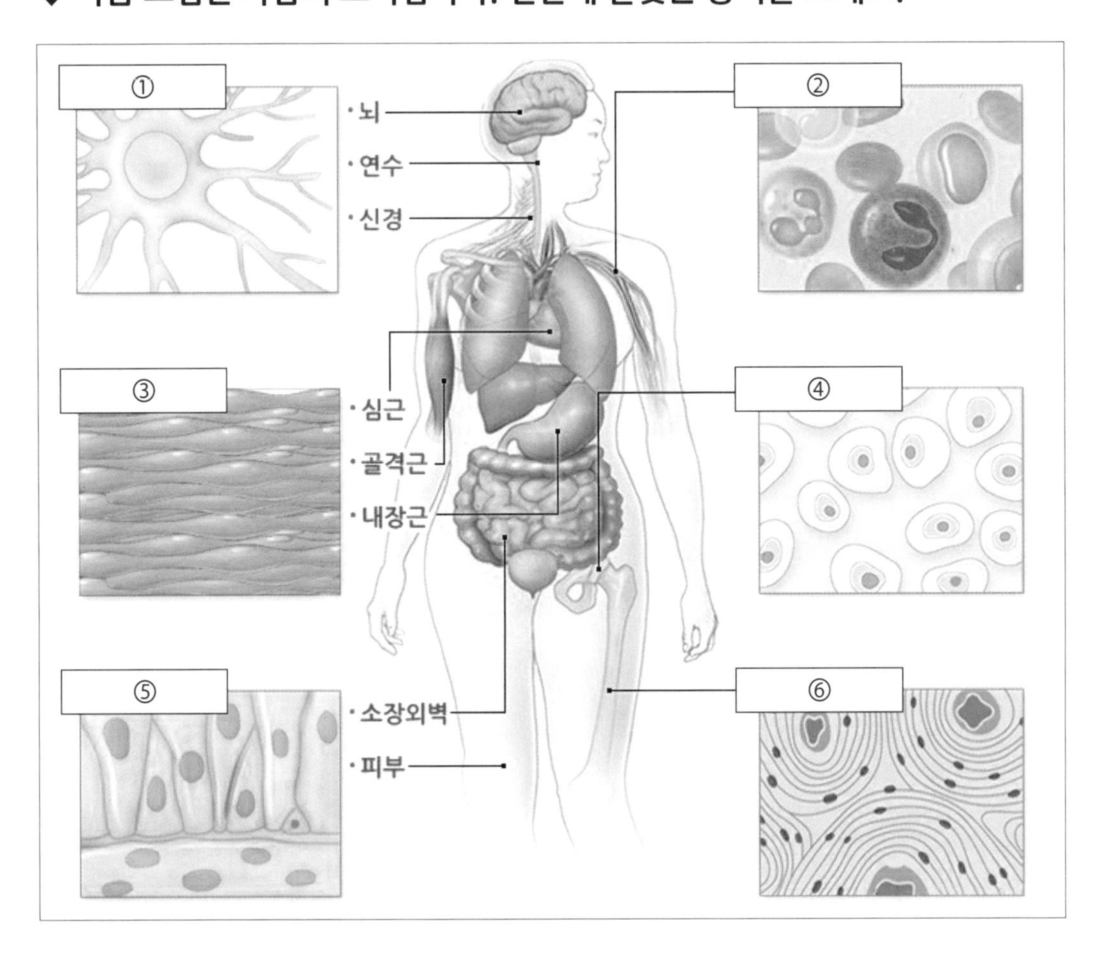


| ① | | ② | |
|---|---|---|---|
| ③ | | ④ | |
| ⑤ | | ⑥ | |

## ◆ 다음은 사람의 조직과 관련된 문제입니다. 문제를 읽고 알맞은 답을 고르십시오.

1. 뼈를 형성하는 조직을 가리키는 용어로 알맞은 것을 고르십시오.

① 골조직

② 근육조직

③ 상피조직

④ 신경 조직

2. 림프액에 대한 설명으로 알맞은 것을 고르십시오.

① 혈관 속을 흐르고 있다.

② 혈액 순환을 담당하고 있다.

③ 정보를 저장하는 기능을 담당한다.

④ 내부 장기를 보호하는 역할을 한다.

3. 상피조직에 대한 설명으로 알맞은 것을 고르십시오.

① 내부에서 발생한 다양한 자극을 받아들인다.

② 탄력성이 풍부하고 압력에 대해 저항력을 가진다.

③ 가로무늬근육 조직과 민무늬근육 조직으로 이루어진다.

④ 몸의 표면과 내장성 기관의 내면을 싸고 있는 세포조직이다.

4. 신경 조직에 대한 설명으로 알맞은 것을 고르십시오.

① 동물체의 기능을 부분적으로 조절한다.

② 동물체의 정보를 삭제하는 역할을 한다.

③ 외부의 자극만을 받아들여 신호를 전달한다.

④ 동물의 의식, 기억, 사고, 운동 등의 기능을 돕는다.

5. 결합조직에 대한 설명으로 알맞은 것을 고르십시오.

① 인체의 특정한 부분에 분포하는 조직이다.

② 뼈와 뼈, 근육과 근육 사이를 지지하는 조직이다.

③ 기관 및 조직의 틈을 메우고 연결하여 내부 장기를 보호한다.

④ 고유결합조직은 신체를 받치고 있는 연골, 뼈, 혈액과 림프 등을 포함한다.

# 문법 다지기

## ◆ 문법 '-았었/었었-'와 '-았/었-' 비교

| -았었/었었- | -았/었- |
|---|---|
| 과거의 일이나 상황을 표현할 때 사용한다. | |
| • 과거의 일이나 상황이 현재에는 일어나지 않거나 계속 되지 않는 것을 강조할 때 사용하는 표현이다.<br>(예) 예전에는 과자를 많이 먹**었었**는데 요즘은 단 음식을 잘 안 먹게 되었다. (O)<br>미나 씨, 아까 민수 씨가 찾아 **왔었**어요.<br>(미나가 없을 때 민수가 왔다가 지금은 그 자리에 없다는 의미.) | • 어떤 일이나 행동이 과거에 일어났다는 것을 표현하거나 그 상태가 지금도 유지되고 있을 때 사용한다.<br>(예) 친구에게 문자가 **왔**는데 지금 만나재요. (O)<br>미나 씨, 민수 씨가 찾아 **왔**어요.<br>(지금 민수가 미나를 찾으러 와서 기다리고 있는 상황.) |

## ◆ 두 가지 표현 중 알맞은 답을 고르십시오.

1. 어제는 머리가 많이 ( 아팠었는데 / 아팠는데 ) 오늘은 멀쩡하다.

2. 아침부터 전화가 ( 왔었지만 / 왔지만 ) 계속 받지 않고 있다.

3. 지금과 다르게 어릴 때는 아이돌을 정말 ( 좋아했었다 / 좋아했다 ).

4. 핵은 핵막으로 ( 싸였었고 / 싸였고 ) 세포 소기관의 활동을 지시한다.

5. 신경 조직은 정보를 ( 저장했었다가 / 저장했다가 ) 필요할 때 다시 사용할 수 있도록 해 준다.

## 쓰기

◆ 세포의 구성 요소와 조직의 분류를 간단하게 정리하여 설명하는 글을 써 보세요.

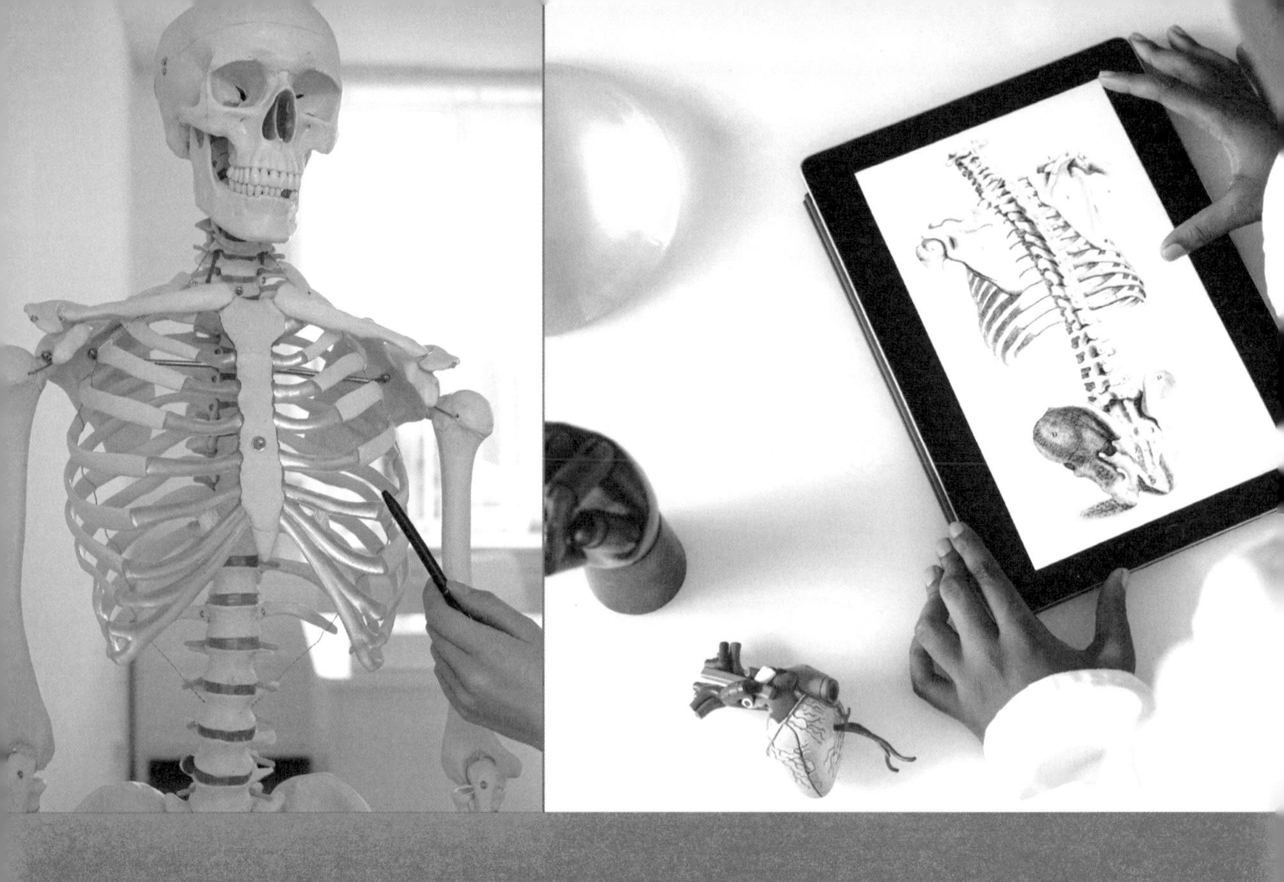

# (2) 골격계

- 학습목표: 골격계에 대한 개념을 이해할 수 있다.
- 학습기능: 골격계에 대한 개념 파악하기, 전신 뼈대 파악하기
- 학습어휘: 골격계의 구조, 뼈의 기능
- 학습문법: '-(으)ㄹ 테니까', '-(으)ㄹ 텐데'

◆ 우리 몸에는 몇 개의 뼈가 있을까요?

◆ 우리 몸에서 뼈의 주요 기능은 무엇일까요?

◆ 뼈는 어떻게 자라나며 각각의 뼈는 무엇으로 이루어져 있을까요?

## 주제 어휘

| | |
|---|---|
| **골격계 (Skeletal System)** | 신체의 뼈와 연골, 관절, 인대를 포함하는 전체 시스템을 지칭한다. |
| **인대(Ligament)** | 뼈와 뼈 사이를 연결해 주는 섬유성 결합 조직. |
| **골화 (Ossification)** | 연골이나 다른 조직이 뼈로 변하는 과정을 의미한다. |
| **연골내골화 (Endochondral Ossification)** | 연골이 뼈로 변하는 과정을 가리킨다. |
| **막내골화 (Intramembranous Ossification)** | 섬유성 결합조직에서 직접 뼈로 변하는 과정을 의미한다. |
| **골단연골 (Epiphyseal Cartilage)** | 뼈의 성장이 일어나는 뼈 끝부분의 연골을 지칭한다. |
| **골단판 (Growth Plate or Epiphyseal Plate)** | 긴 뼈의 끝과 몸통 사이에 위치한 얇은 연골층으로 뼈의 길이 성장을 주도하는 부위이다. |
| **골막 (Periosteum)** | 뼈의 표면을 감싸는 막으로, 골외막과 골내막으로 구성된다. |
| **골외막 (Outer Periosteum)** | 뼈의 표면을 덮는 외부 막이다. |
| **골내막 (Inner Periosteum)** | 골수강을 덮는 내부 막이다. |
| **치밀골 (Compact Bone)** | 단단한 골간의 벽을 형성하는 뼈조직의 일종이다. |

## 뼈의 형태와 발생

골격계는 약 206개의 뼈로 구성되어 있으며, 이는 체중의 대략 20%를 차지한다. 골격계는 뼈, 연골, 관절, 그리고 인대의 총칭으로, 기관을 보호하고 신체 구조를 유지하는 데 필수적인 역할을 하며, 우리 몸을 구성하는 중추적인 틀이라고 할 수 있다. 골격계의 주요 기능은 다섯 가지를 들 수 있다. 첫 번째로 외부의 충격으로부터 내부의 장기를 보호하는 보호 기능을 한다. 두 번째로, 신체 내부를 지지하는 틀을 형성하는 기능을 한다. 세 번째로, 근육 운동의 지렛대와 같은 역할을 함으로써 운동 기능을 수행한다. 네 번째로 칼슘염과 인 등의 무기물을 저장하는 기능을 하며 마지막으로 혈액 세포를 생산하는 조혈 기능을 한다.

뼈(골)은 25세 전후에 골화가 완성된다. 골화의 과정으로는 연골내골화와 막내골화가 있는데 연골내골화는 연골이 뼈가 되는 과정으로 대부분 장골(대퇴골, 상완골, 척골,요골, 경골, 비골)의 골화과정이다. 막내골화는 얇은 섬유성 결합조직으로부터 뼈로 골화가 되는 과정으로 대부분의 두개골(전두골, 후두골, 측두골), 편평골(흉골, 늑골, 두정골)의 골화과정이다. 또한 연골상골은 직접 골화가 일어나지 않고 연골의 형태에서 뼈의 원형이 만들어진 후 일부 골화가 형성되는 뼈이다. 골단연골은 성장기에 뼈 길이의 성장을 촉진하는 부분이며, 골단판은 이 성장을 주도한다.

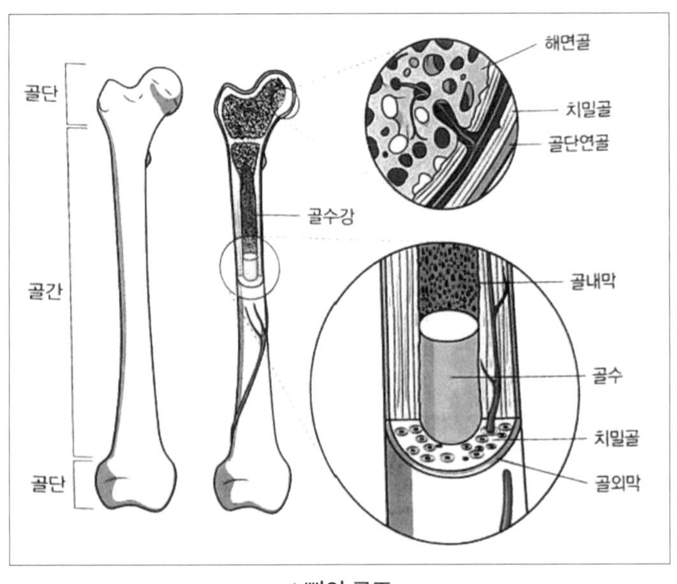


▲뼈의 구조

골은 크게 골막, 골조직, 골수강, 연골로 나뉜다. 골막은 골외막과 골내막으로 구성되는데 골외막은 뼈의 표면을 감싸고 있는 막이고, 골내막은 골수강을 덮고 있는 막이다. 골조직으로는 치밀골과 해면골이 있다. 치밀골은 하버스계를 포함하며 단단한 골간의 벽을 형성한다. 해면골은 스펀지처럼 다공성의 구조로 이루어진 상층부의 뼈부분이다. 골수강은 뼈의 가장 안쪽에 위치한 빈 공간으로 골수로 채워져 있는데 골수에는 조혈작용을 하는 적골수, 지방저장을 하는 황골수가 있다. 마지막으로 연골은 뼈와 뼈 사이의 충격을 흡수하는 역할을 한다.

□ 총칭 □ 중추적 □ 지렛대 □ 조혈 □ 섬유성 □ 촉진 □ 주도하다 □ 다공성

## 내용 이해하기

**◆ 다음 그림은 뼈의 구조입니다. 빈칸에 알맞은 용어를 넣으세요.**

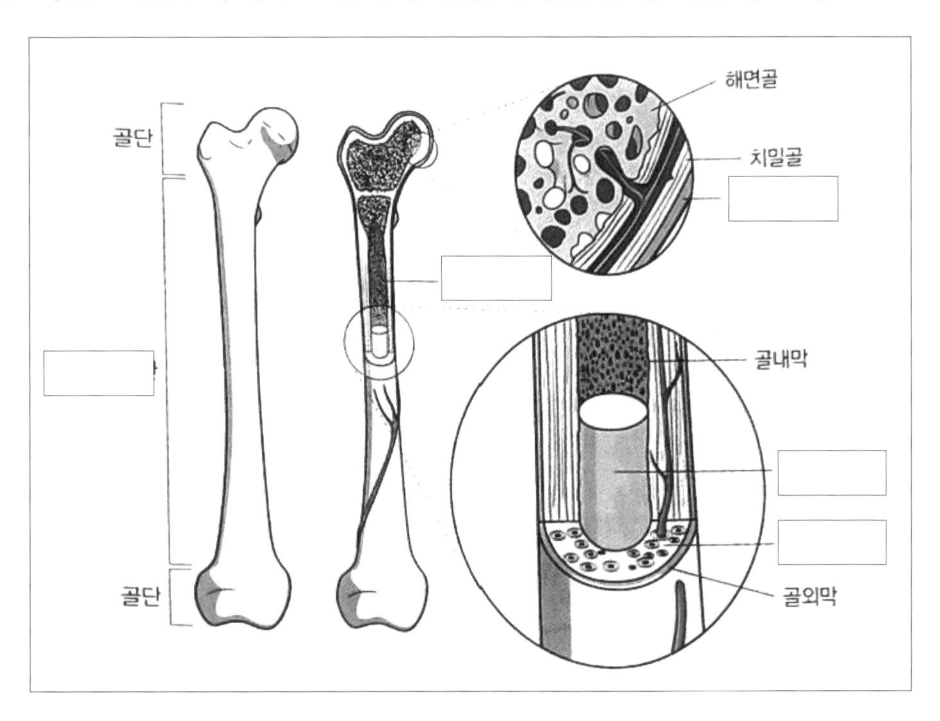

## ◆ 다음은 뼈의 형태와 발생과 관련된 문제입니다. 문제를 읽고 알맞은 답을 고르십시오.

1. 골격계의 기능이 아닌 것은 무엇입니까?

① 보호 기능

② 저장 기능

③ 지지 기능

④ 열 생산 기능

<미용사(일반) 필기 2011년 10월 9일(5회)>

2. 골격계는 대략 몇 개의 뼈로 구성되어 있습니까?

① 100개　② 153개　③ 206개　④ 254개

<미용사(일반) 필기 2010년 10월 3일(5회)>

3. 골단판은 무엇을 가리킵니까?

① 뼛속 골수강

② 뼈의 가장 외부층

③ 뼈와 뼈를 연결하는 부분

④ 뼈 길이 성장을 주도하는 부분

4. 뼈의 기본구조가 아닌 것은 무엇입니까?

① 골막　② 심막　③ 골외막　④ 골내막

<미용사(일반) 필기 2010년 1월 31일(1회)>

5. 골격계에 대한 설명으로 옳지 않은 것은 무엇입니까?

① 골격에서는 혈액세포를 만들지 않는다.

② 인체의 골격은 체중의 약 20%를 총칭한다.

③ 골격계는 골, 연골, 관절 및 인대를 통틀어 말한다.

④ 기관을 둘러싸 내부 장기를 충격으로부터 보호한다.

<미용사(일반) 필기 2011년 4월 17일(2회)>

# 주제 어휘

| | |
|---|---|
| **주축 골격(체간)<br>(Axaial)** | 머리와 몸통 부분의 뼈대이다. 대략 80개의 뼈들로 구성된다. |
| **부속골격(체지)<br>(Appendicular)** | 사지(팔다리)에 있는 뼈들로 주축 골격에 붙어있다.<br>대략 126개로 구성된다. |
| **두개골(머리뼈)<br>(Skull)** | 머리의 골격을 이루는 뼈. |
| **설골(목뿔뼈)<br>(Hyoid bone)** | 혀와 갑상연골 사이에 위치한 U자형 작은 뼈. |
| **이소골(중이뼈)<br>(Auditory ossicle)** | 중이(귀)의 안에 있는 세 개의 작은 뼈. |
| **척주(척추뼈)<br>(Vertebral column)** | 신체 몸통의 가운데 축을 이루는 뼈와 연골 기둥. |
| **흉골(복장뼈)<br>(Breast bone)** | 가슴 한복판에 세로로 있는 짝이 없는 세 부분으로 된 뼈. |
| **늑골(갈비뼈)<br>(Rib)** | 가슴을 구성하는 뼈. 좌우 열두 쌍이 있다. |
| **상지골(팔)<br>(Skeleton of upper limb)** | 팔에 있는 64개의 뼈. |
| **하지골(다리)<br>(Skeleton of lower limb)** | 다리에 있는 62개의 뼈. |

# 전신 뼈대 (전신 골격)

인간의 뼈대, 즉 골격은 크게 두 부분으로 나눌 수 있다. 머리와 몸통 부위에 있는 주축 골격과 사지(팔다리)에 있는 부속 골격이다. 주축 골격은 두개골, 설골, 이소골, 척주(척추), 흉골, 늑골 등으로 대략 80개의 뼈들로 구성된다. 부속 골격은 상지골 64개와 하지골 62개로 대략 126개의 뼈들로 구성된다.

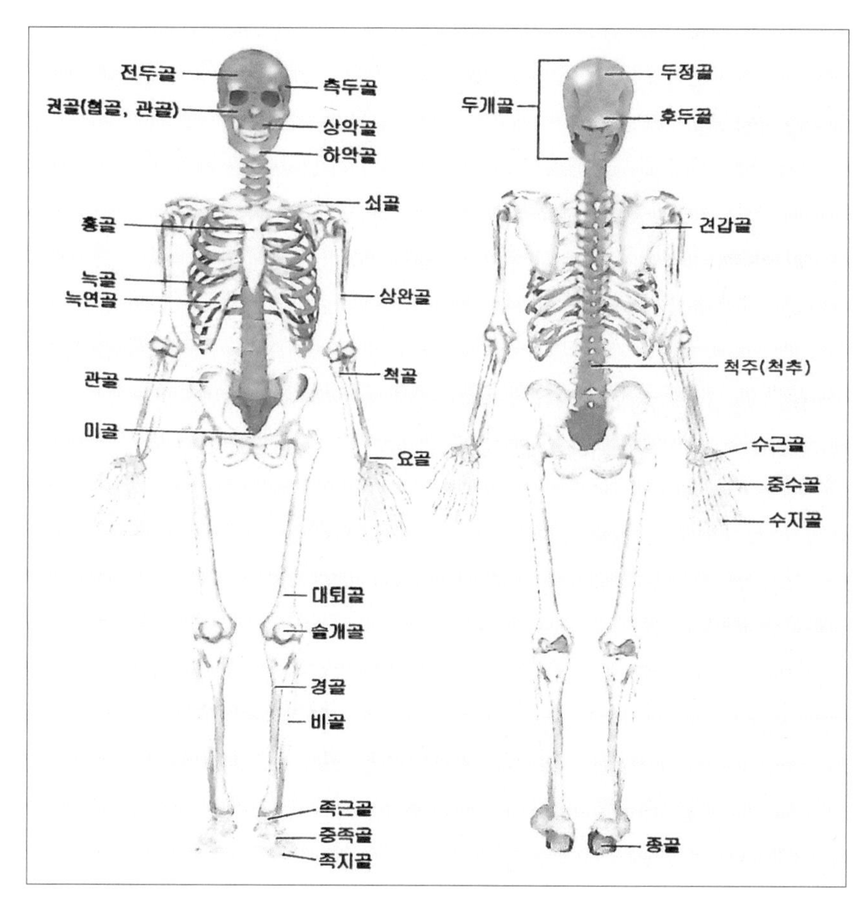


▲ 전신 뼈대

두개골은 뇌두개골과 안면골로 구성된다. 뇌를 담고 보호하며 눈, 코, 귀 등의 감각기관을 위한 통로가 있다. 척주(척추)는 두개골에서 골반까지 이어져서 골격의 수직축을 형성하며 머리와 몸통을 움직일 수 있게 한다. 흉곽은 흉골과 흉추, 늑골로 이루어져 있으며 흉부와 복부의 장기들을 보호한다. 팔다리 부분은 몸 운동의 대부분이 일어나는 부분이다. 상지골과 하지골은 둘 이상의 뼈를 연결하는 관절(Joint)이 있어서 운동을 가능하게 한다.

| □ 뇌두개골 | □ 안면골 | □ 감각기관 | □ 골반 | □ 수직축 | □ 흉곽 |
|---|---|---|---|---|---|
| □ 흉부 | □ 복부 | □ 장기 | □ 관절 | | |

## 내용 이해하기

◆ 다음 그림은 전신 뼈대입니다. 빈칸에 알맞은 용어를 넣으세요.

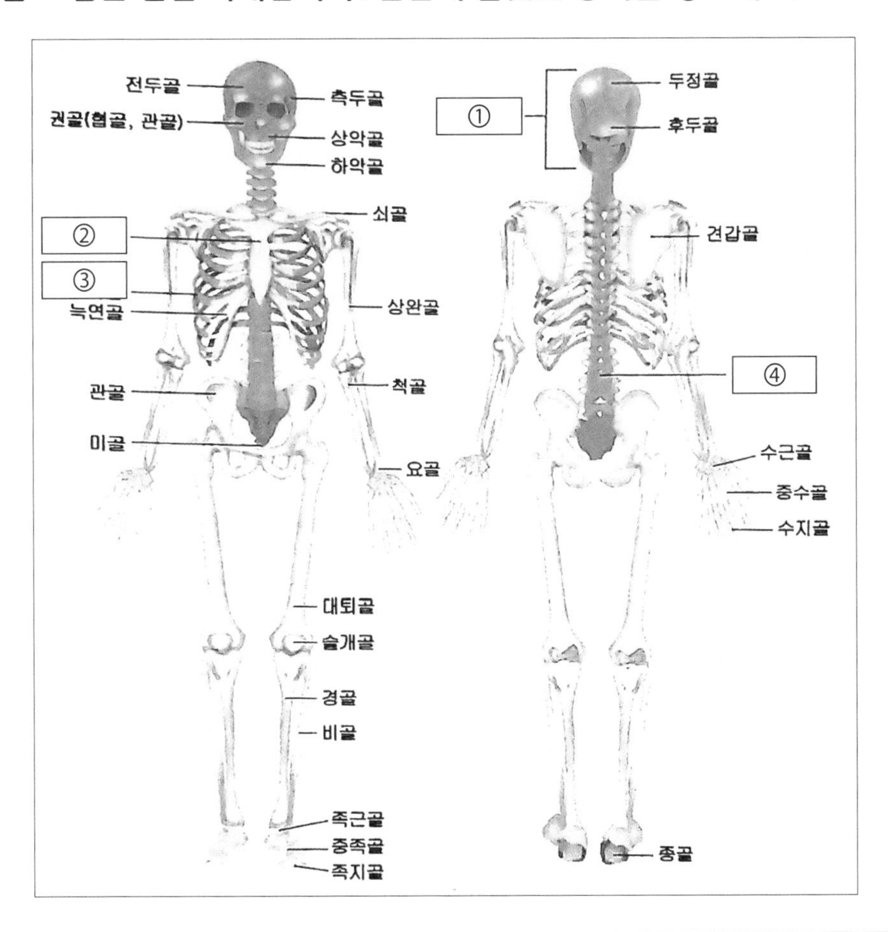


| ① | | ② | |
|---|---|---|---|
| ③ | | ④ | |

## ◆ 다음은 전신 뼈대와 관련된 문제입니다. 문제를 읽고 알맞은 답을 고르십시오.

1. 가슴을 구성하는 뼈로 좌우 12쌍이 있는 뼈는 무엇입니까?

   ① 흉골

   ② 늑골

   ③ 이소골

   ④ 상지골

2. 주축 골격은 대략 몇 개의 뼈로 구성되어 있습니까?

   ① 62개 ② 64개 ③ 80개 ④ 206개

3. 척주에 대한 설명으로 옳지 않은 것은 무엇입니까?

   ① 골격의 수직축을 형성한다.

   ② 두개골에서 골반까지 이어져 있다.

   ③ 머리와 몸통을 움직일 수 있게 한다.

   ④ 관절이 있어서 운동을 가능하게 한다.

4. 주축 골격의 뼈가 아닌 것은 무엇입니까?

   ① 요골 ② 설골 ③ 늑골 ④ 두개골

5. 전신 뼈대에 대한 설명으로 옳지 않은 것은 무엇입니까?

   ① 주축 골격과 부속 골격으로 나눌 수 있다.

   ② 주축 골격의 뼈 126개와 상지골 80개로 구성된다.

   ③ 상지골과 하지골의 수는 전신 뼈대의 절반 이상이다.

   ④ 두개골과 척주, 흉골, 늑골 등은 주축 골격에 해당한다.

# 문법 다지기

## ◆ 문법 '-(으)ㄹ 테니까'와 '-(으)ㄹ 텐데' 비교

| -(으)ㄹ 테니까 | -(으)ㄹ 텐데 |
|---|---|
| 추측을 나타내는 연결 문법 | |
| • 강한 추측을 나타내면서 뒤에 제안이나 명령할 때 사용한다. 이유의 의미가 있는 추측이다.<br>(예) 오후에 비가 **올 테니까** 우산을 준비하세요. (O)<br>오후에 비가 **올 테니까** 괜찮겠어요? (X) | • 추측을 나타내면서 뒤에 제안이나 명령할 때 사용한다. 걱정하는 느낌이 있으며 뒤에 질문의 표현이 오기도 한다.<br>(예) 오후에 비가 **올 텐데** 우산을 준비하세요. (O)<br>오후에 비가 많이 **올 텐데** 괜찮겠어요? (O) |
| • 말하는 사람의 의지를 나타내면서 뒤에서는 요청할 때 사용한다. 주어는 주로 1인칭이고 뒤에는 다른 사람이다.<br>(예) 제가 식사를 준비**할 테니까** 수지 씨는 청소를 좀 해 주세요. (O) | • 말하는 사람의 의지는 나타낼 수 없다.<br>(예) 제가 식사를 준비**할 텐데** 수지 씨는 청소를 좀 해 주세요. (X) |

## ◆ 두 가지 표현 중 알맞은 답을 고르십시오.

1. 제가 점심을 ( 살 테니까 / 살 텐데 ) 함께 갑시다.

2. 사고로 머리뼈를 ( 다쳤을 테니까 / 다쳤을 텐데 ) 큰일이에요.

3. 관절이 많이 ( 아플 테니까 / 아플 텐데 ) 운동할 수 있겠어요?

4. 골격이 내부 장기를 ( 보호할 테니까 / 보호할 텐데 ) 걱정하지 마세요.

5. 내가 ( 요리할 테니까 / 요리할 텐데 ) 너는 설거지를 해 줬으면 좋겠어.

## 쓰기

◆ 오늘 배운 뼈의 형태와 발생 및 전신 뼈대에 대해 정리하고, 골격계의 기능 중 자신이 가장 중요하다고 생각하는 것에 대해  왜 그렇게 생각하는지 글을 써 보세요.

# 모범 답안

# 미용의 시작

## 서양미용사

### - 도입 -

◆ **원시시대의 미용 목적은 무엇이었을까요?**

- 자신을 타인보다 아름답게 돋보이게 하고 싶어서.

◆ **고대 이집트에서는 왜 눈화장을 했을까요?**

- 눈을 강조하면서 건조한 사막환경에서 눈을 보호하기 위해서.

◆ **목욕 문화는 언제부터 발달하기 시작했을까요?**

- 고대 그리스 시대에는 건강한 정신은 건강한 신체에서 시작된다는 생각으로 인해 다양한 목욕 문화가 발달하였다.

# 1. 헤어 미용

## (1) 모발의 성장과 구조

### - 도입 -

◆ **모발은 언제, 어디에서 만들어질까요?**

- 모발의 발생은 어머니의 태내에서 시작되며, 피부 안쪽에 있는 모근부의 모유두에서 만들어진다.

◆ **한번 만들어진 모발은 언제까지 계속 자랄까요?**

- 모발은 발생기, 성장기, 퇴화기, 휴지기의 헤어 사이클을 보인다. 2~7년까지 성장기였던 모발은 퇴화기가 되면 성장이 멈춘다.

◆ **사람들이 가진 모발의 형태는 모두 똑같을까요?**

- 모발은 형태에 따라 직모, 파상모, 축모로 나뉜다.

### - 내용 이해하기 -

<주관식>

모피질, 모수질

<객관식>

1. 3
2. 4
3. 1
4. 3
5. 2

### - 문법 다지기 -

1. 열고
2. 들으며
3. 심해지고
4. 펴고
5. 하고

## (2) 두피와 모발 화장품

### - 도입 -

**◆ 두피와 모발의 역할은 무엇일까요?**

- 두피에는 모발이 있어서 미용적인 역할과 기능적인 역할을 담당한다.

**◆ 자신의 두피와 모발 타입을 알고 있나요?**

- 본인 의견 제시

**◆ 두피와 모발에 사용하는 화장품은 무엇일까요?**

- 샴푸, 컨디셔너(린스, 트리트먼트), 퍼머넌트 웨이브제, 염색제, 두피 관리 오일 등

### - 내용 이해하기 -

<주관식>

건강한 모발, 건성 모발, 지성 모발

<객관식>

1. 1

2. 4
3. 3
4. 1
5. 2

- 문법 다지기 -

1. 바꾸려고
2. 을 위해
3. 없애기 위해
4. 성공하기 위해
5. 관리하려고

# 2. 피부 관리

## (1) 피부의 구조와 기능

- 도입 -

◆ **우리 몸의 피부는 어떤 역할을 할까요?**

- 피부는 우리 몸을 외부 환경의 다양한 요소로부터 보호하는 중요한 막으로, 여러 생리 기능을 수행한다.

◆ **피부가 어떤 구조로 이루어졌는지 알고 있나요?**

- 표피, 진피, 피하 지방층(피하조직)의 세 부분으로 이루어져 있다.

◆ **우리가 피부를 관리해야 하는 이유는 무엇일까요?**

- 피부에는 각종 감각기관이 분포해 있어, 다양한 자극을 뇌로 전달하여 주변 환경과 상호작용한다. 또 비타민D 합성의 주요 장소인데, 이 비타민은 자외선을 통해 우리 몸으로 들어와 몸의 칼슘 농도를 조절할 뿐만 아니라 뼈의 건강을 유지하는 데에도 중요한 역할을 한다. 피부는 호흡 과정에도 참여한다. 따라서 피부를 깨끗하게 관리하는 것은 피부 호흡과 건강 유지에 중요하다.

### - 내용 이해하기 -

<주관식>

표피

진피

피하조직

<객관식>

1. 3
2. 1
3. 4
4. 2
5. 1

### - 문법 다지기 -

1. 죽도록
2. 지나도록
3. 바르도록
4. 부드럽게
5. 씻어내도록

## (2) 피부 분석과 화장품

### - 도입 -

◆ 여러분은 자신의 피부 유형을 알고 있나요?

- 본인 의견 제시

◆ 평소 피부 유형에 맞는 화장품을 사용하고 있나요?

- 본인 의견 제시

◆ 자신의 피부 유형을 아는 것이 중요한 이유는 무엇일까요?

- 피부 유형에 따라 관리법이나 사용해야 할 화장품 성분이 달라지므로

### - 내용 이해하기 -

<주관식>

중성피부

건성피부

지성피부

민감성피부

<객관식>

1. 3
2. 4
3. 3
4. 2
5. 4

### - 문법 다지기 -

1. 쓰자마자
2. 오자마자
3. 나는 대로
4. 일어서자마자
5. 마치자마자

# 3. 메이크업

## (1) 메이크업의 정의와 기능

### - 도입 -

**◆ 메이크업이란 무엇이라고 생각해요?**

- 화장품과 도구를 사용해서 외모를 아름답게 만드는 것이다.

**◆ 사람들이 메이크업을 하는 이유는 무엇일까요?**

- 아름다움을 부각시키며 외부 환경으로부터 보호하기 위해 한다.

◆ **과거 메이크업과 현대 메이크업의 목적은 같을까요?**

- 인간의 욕구를 충족시키기 위한 것이었으나 시간이 지나면서 자기표현의 목적이 주를 이루고 있다.

### - 내용 이해하기 -

<객관식>

1. 2
2. 3
3. 1
4. 3
5. 4

### - 문법 다지기 -

1. 토너로
2. 눈썹칼에
3. 면봉에
4. 색조 화장으로
5. 화장치료법으로

## (2) 메이크업 도구와 제품의 종류

### - 도입 -

◆ **메이크업 제품은 어떤 기능을 할까요?**

- 피부 결과 피부 톤을 조절하고 결점을 커버하고 장점을 돋보이게 한다.

◆ **메이크업 제품의 종류에는 어떤 것들이 있을까요?**

- 기초 메이크업(메이크업베이스, 파운데이션, 컨실러, 파우더 등), 색조 메이크업(아이브로우, 아이브로우 마스카라, 아이섀도, 아이라이너, 마스카라, 블러셔, 립스틱과 립 글로즈 등)

◆ **메이크업 제품을 사용할 때 필요한 도구에는 무엇이 있을까요?**

- 스파출라, 퍼프, 브러시 등

### - 내용 이해하기 -

<객관식>

1. 1
2. 3
3. 2
4. 3
5. 2, 4

### - 문법 다지기 -

1. 포함된 데에 반해
2. 떨어지는 데에 비해
3. 장점이 있는 데에 반해
4. 키에 비해
5. 크기에 비해

# 4. 네일 미용

## (1) 손톱과 발톱의 특성과 역할

### - 도입 -

**◆ 손톱의 기능은 무엇일까요?**

- 손을 보호하는 기능, 물건을 집는 기능, 모양을 구분하는 기능 등이 있다.

**◆ 네일 아트는 언제 처음 시작되었을까요?**

- 기원전 3000년 전부터 시작되었다.

**◆ 어떤 계절에 손톱이 가장 빨리 자랄까요?**

- 여름

### - 내용 이해하기 -

<주관식>

자유연, 조판, 조모

<객관식>

1. 4
2. 4
3. 3
4. 2
5. 1

### - 문법 다지기 -

1. 손톱마저, 손톱까지
2. 디자인까지
3. 날씨마저, 날씨까지
4. 동료까지
5. 네일까지

## (2) 네일 아트 재료와 도구

### - 도입 -

**◆ 매니큐어에도 유통기한이 있을까요?**

- 보통 제품에 따라 표시된 유통기한이 다르나 1년에서 2년 정도이다.

**◆최초의 네일숍은 어느 나라에서 열렸을까요?**

- 19세기 후반 파리

**◆ 한국에 네일 아트를 처음 알린 스포츠 스타는 누구일까요?**

- 1988년 서울올림픽에서 미국 육상선수 플로렌스 그리피스 조이너가 빨강, 하양, 파랑, 금색이 섞인 화려한 네일 아트를 선보였다.

### - 내용 이해하기 -

<주관식>

1 우드스틱

2 푸셔

3 니퍼

4 네일 폴리시

5 큐티클 오일

6 세필 붓

<객관식>

1. 1
2. 2
3. 3
4. 4
5. 2

### - 문법 다지기 -

1. 지냈다가
2. 갔다가
3. 하다가
4. 숙제하다가
5. 발랐다가

# 5. 공중위생관리학

## (1) 공중보건학 총론, 질병 관리, 가족 및 노인 보건

### - 도입 -

◆ 공중보건학은 무엇을 공부하는 학문일까요?

- 국민 전체의 질병 예방, 수명 연장, 신체적 정신적 건강 증진을 위해 필요한 지식을 배우는 학문이다.

**◆ 건강을 위해서 할 수 있는 일들이 무엇일까요?**

- 건강한 식습관 가지기, 적당한 운동, 정기적인 스트레스 해소 등이 있다.

**◆ 대표적인 노인 복지 정책에는 어떤 것들이 있을까요?**

- 노인 장기 요양 보험

## - 내용 이해하기 -

<주관식>

1) 환경 관리 분야 : 환경위생, 식품위생, 환경보전과 환경오염, 산업보건, 공해
2) 역학 및 질병 관리 분야 : 역학, 감염병 관리, 기생충 질병 관리, 만성 질병 관리, 비전염성 질병 관리
3) 보건 관리 분야 : 보건행정, 보건영양, 인구보건, 가족보건, 모자보건, 학교보건, 보건교육, 노인보건, 의료정보, 응급의료, 사회보장제도

질병발생의 3대 요인

숙주, 병인, 환경

<객관식>

1. 1
2. 2
3. 4
4. 1
5. 3

## - 문법 다지기 -

1. 먹고 봅시다
2. 하고 나니
3. 세우고 봅시다
4. 일하고 나니
5. 고생하고 나서

## (2) 환경위생과 식품위생 및 영양, 보건행정

### - 도입 -

**◆ 환경이 우리에게 어떤 영향을 끼칠까요?**

- 환경 상태에 따라서 여러 가지 건강상의 악영향을 끼칠 수 있다.

**◆ 영양소를 충분히 섭취하지 않으면 무슨 문제가 생길까요?**

- 살아가는 데에 필요한 에너지를 얻을 수 없고 병에 걸릴 수 있다.

**◆ 우리 주변에 보건과 관련된 행정기관으로 무엇이 있을까요?**

- 보건소 등

### - 내용 이해하기 -

<주관식>

1) 질소

2) 이산화탄소

3) 산화, 살균, 침강

4) 질병 전파 방지, 안전한 식품 섭취 보장

5) 세균성

6) 독소형, 감염형

7) 신체의 열량 공급, 조직 구성, 생리적 조절

8) 공공성, 사회성, 교육성, 과학성, 기술성, 봉사성, 조장성

9) 기록의 보존, 보건교육, 환경위생, 감염병 관리, 모자보건, 의료, 보건간호, 재해예방

<객관식>

1. 1
2. 2
3. 4
4. 4
5. 3

### - 문법 다지기 -

1. 나는 바람에
2. 하는 바람에
3. 일어나는 바람에
4. 오염되는 바람에
5. 생각하느라고

# 6. 해부생리학

## (1) 세포와 조직

### - 도입 -

**◆ 우리 몸에서 가장 작은 물질은 무엇일까요?**

- 세포

**◆ 사람의 조직의 종류에는 어떤 것들이 있을까요?**

- 신경 조직, 근육조직, 연골조직, 상피조직, 골조직 등이 있다.

**◆ 우리 몸속에 있는 세포가 모이면 어떤 기능을 할까요?**

- 소화, 호흡, 생식 등 인간이 생명을 유지하게 위한 일을 한다.

### - 내용 이해하기 -

<주관식>

1. 핵
3. 핵막
9. 미토콘드리아
11. 세포질
12. 리소좀
14. 세포막

<객관식>

1. 1
2. 2
3. 3
4. 3
5. 3

<주관식>

1. 신경 조직
2. 혈액 및 림프
3. 근육 조직
4. 연골 조직
5. 상피 조직
6. 골조직

<객관식>

1. 4
2. 3
3. 4
4. 2
5. 1

## - 문법 다지기 -

1. 아팠었는데
2. 왔지만
3. 좋아했었다
4. 싸였고
5. 저장했다가

## (2) 골격계

### - 도입 -

**◆ 우리 몸에는 몇 개의 뼈가 있을까요?**

- 206개

**◆ 우리 몸에서 뼈의 주요 기능은 무엇일까요?**

- 보호 기능, 지지 기능, 운동 기능, 저장 기능, 조혈 기능의 5가지 기능이다.

**◆ 뼈는 어떻게 자라나며 각각의 뼈는 무엇으로 이루어져 있을까요?**

- 뼈의 골화 과정은 연골이 뼈가 되는 연골내골화와 섬유성 결합조직이 뼈가 되는 막내골화가 있다. 뼈는 크게 골막, 골조직, 골수강, 연골로 이루어져 있다.

### - 내용 이해하기 정답 -

<주관식>

뼈의 구조 : 골간, 골수강, 골단연골, 골수, 치밀골

<객관식>

1. 4
2. 3
3. 4
4. 2
5. 1

<주관식>

전신 뼈대 : ① 두개골 ② 흉골 ③ 늑골 ④ 척주(척추)

<객관식>

1. 2
2. 3
3. 4
4. 1
5. 2

## - 문법 다지기 -

1. 살 테니
2. 다쳤을 텐데
3. 아플 텐데
4. 보호할 테니까
5. 요리할 테니까

# 참고문헌

- Clark, Robert K. 해부생리학, 라이프사이언스, 2007.
- 권태일 외, 네일(미용사) 필기편(New), 2014.
- 김기영 외, 에센스 미용학 개론, 메디시언, 2019.
- 김수진 외, 미용학 개론, 아티오, 2016.
- 류지원 외, 미용학 원론, 고문사, 2001.
- 박은경, (전문가 부럽지 않다) 네일 아트, 스타일북스, 2013.
- 이연리 외, (알기 쉬운) 공중보건학 = Public health, 효일, 2018.
- 이윤경, 우리가 스킨케어 할 때 이야기하는 모든 것, 성안당, 2010.
- 이지안 외, 2021 최신판 피부미용사 신경향 상시시험 집중 대비서, 다락원, 2021.
- 허은영 외, 피부미용사 필기시험에 미치다, 2017.
- BASIC MAKE UP 기초 메이크업, 조고미 외, 메디시언
- 미용사 메이크업 필기, 김효정 외, 에듀웨이
- 국립국어원, 한국어교수학습샘터